AF487585

PROLOGO

Hay mujeres que no dejaron monumentos. No tienen estatuas en las plazas ni en calles con su nombre.

No aparecen en los libros de historia, ni en discursos oficiales

Y sin embargo sostuvieron el mundo

Lo sostuvieron en silencio

Desde la cocina y desde el campo

Desde el aula improvisada y desde la mesa donde tal vez faltaban pan, pero no dignidad

Lo sostuvieron con manos agrietadas, con decisiones difíciles, con renuncias que nadie aplaudió.

Entre esas mujeres están mis abuelas.

Margarita, Elena, Julia, Josefina, Esther.

No escribieron tratados

No dirigieron gobiernos

No ocuparon titulares

Pero sostuvieron vidas

Formaron carácter defendieron principios

Amaron con una fuerza que no necesito testigos.

Escribo estas páginas para que no se pierdan en el polvo del tiempo.

Para que sus nombres no se disuelvan en el olvido cotidiano que todo devora.

Para que las nuevas generaciones comprendan que la grandeza no siempre hace ruido.

Al comenzar este libro no sabía que terminaría hablando también de tantas otras mujeres del mundo.

Mujeres de distintas épocas, de distintas culturas y luchas que como ellas, enfrentaron su tiempo con dignidad.

Porque la historia visible es apenas una parte.

La historia verdadera, la que sostiene, vive en los hogares, en los sacrificios silenciosos, en las decisiones pequeñas que cambias destinos.

Este libro es memoria

Es gratitud

Es justicia

Y también es puente

Un puente entre las mujeres que fueron, las que somos y las que vendrán.

Si al terminar estas páginas alguien recuerda a su propia abuela, a su madre o a una mujer que la sostuvo en silencio, entonces este libro habrá cumplido su misión.

Porque el mundo no se mantiene por la fuerza

Se mantiene por mujeres que nunca dejaron de creer en la vida.

EL RETRATO

Corría por el pasillo de la casa de mi tío José Luís buscando el baño. La música de la boda de mi tía Teresa, sonaba lejana, mezclada con risas y copas que brindaban en el patio.

Yo era apenas una niña, y lo único urgente en ese momento, era encontrar la puerta correcta.

El cuarto principal estaba entreabierto. Empujé sin pensar.

Había un olor distinto allí adentro, más antiguo como si el aire guardara recuerdos. La luz entraba por la ventana y caía directa sobre una pared donde colgaba un retrato grande, enmarcado en madera oscura.

Me detuve.

Sentí que el corazón me dio un salto.

¿Qué hago yo ahí?

Lo dije en voz alta, sin entender porque esa mujer me estaba mirando con mis propios ojos, tenía mi propia nariz y mi propio cabello.

Esa era yo.

Mi misma cara

La misma forma de la boca,

Mi nariz

La misma frente amplia.

Escuche pasos atrás de mí, era mi tío José Luis.

¿Para dónde vas Thamar? Pregunto, pero se quedó en silencio cuando me oyó que repetía:

¿Qué hago yo ahí?

El miró el retrato y luego me miro a mí, sonrió de una manera que no supe descifrar en ese momento.

No, esa no eres tú, esa es tu abuela.

¿Abuela?

Aquella palabra cayó como una piedra en el agua.

Yo no había conocido a mi abuela. Ninguno de mis hermanos la conoció.

Mi abuela murió en el último parto antes que yo y mis hermanos pudieran guardarla en la memoria. Para mí era apenas un nombre: abuela Josefina

Me acerque más al cuadro.

No era solo parecido, era un espejo detenido en el tiempo.

Sentí mucho susto, el corazón me latía muy rápido, como si algo invisible me hubiera tocado el hombro. Después vino la emoción una corriente tibia que me subió por el pecho. Y finalmente sin saber por qué, se me llenaron los ojos de lágrimas.

Orgullo, era orgullo, me sentí muy llena de emoción. Era igual a mi abuela.

En medio de la boda, entre música y brindis entendí algo que no supe explicar entonces, luego me dije que no venimos solos al mundo. Venimos con historias pegadas a la piel.

Aquella mujer del retrato se llamó Josefina y esa tarde sin saberlo, comenzó el largo camino para devolverle la voz y hoy después de tantos años, en eso estoy.

CUATRO HERMANAS

Ellas, el lago era lo primero que veían al amanecer.

Julia, Elena, Margaraita y Josefina crecieron con el rumor del agua golpeando la orilla y el olor de la leña encendida antes de que el sol terminara de subir.

En aquel Maracaibo, sin petróleo, sin electricidad y sin promesas, la vida de una mujer comenzaba temprano y se endurecía pronto, eran aquellos años de finales del siglo XIX e inicios del siglo XX, donde las mujeres dóciles, obedientes, con pocas aspiraciones estaban resignadas a una vida que a sus 15 años ya tenían obligaciones, con un esposo e hijos que llegaban pronto.

No había espejos, ni polvos perfumados, para verse presentables, ellas molían la cascara del huevo hasta volverla polvo fino y se lo pasaban por el rostro con cuidado, como si ese gesto sencillo pudiera protegerlas del destino que ya estaba escrito para ellas.

A los catorce años, una niña dejaba de ser niña. A los dieciséis, ya debía saber obedecer.

En aquel hogar Julia aprendió a callar, Elena a mirar el lago y preguntarse si la vida podía ser algo más, mientras que Margarita siempre callada, tímida, nada especial aspiraba a sus 17 años y aun soltera, mientras que Josefina soñaba vivir un gran amor, conocer la otra cara de una vida cotidiana, por momentos aburrida, sombría.

Elena se atrevía a soñar con un barco. No sabía de dónde venía ese anhelo ni a donde la llevaría, pero lo imaginaba alejándose de la orilla, rumbo a otros horizontes donde la existencia no se redujera a cargar agua, esperar la lluvia o calcular el día según las necesidades del hogar. No era contemplación lo que buscaba, era escape.

Julia, más tímida, más reservada, desde su corta edad, aprendió a leer y escribir en silencio, casi a escondidas. Desde esos días inspirada en sus propias fantasías, escribió sus primeros poemas, no eran días de libros o escritores, sencillamente una chica con sueños que siempre guardo su secreto, escribir poemas era solo para hombres.

Usaba cualquier papel que encontrara: en esos papeles que no eran precisamente para escribir, sino para envolver verduras, Julia sin saber estaba escribiendo no solo su sentir y su pensar en tan corta vida, también hacia un diario donde dejaba constancia de sus límites, de sus miedos y lo difícil que era para una niña de apenas 9 años imaginar una felicidad distinta a los que otros decidían por ella.

En sus conversaciones con Elena quien era su hermana más cercana, comentaba esa inquietud, hablaban en voz baja, como si incluso los sueños pudieran ser castigados. La infelicidad que veía en el rostro cansado de su hermana mayor, Josefina, sometida a la voluntad de su esposo, mientras que Margarita soltera, tampoco era feliz, y lo más triste a sus 18 años ya se consideraba resignada a un destino que no había elegido.

Entre ellas: Julia y Elena había algo más que un lazo de sangre, eran compañeras, cómplices, amigas. Se sostenían mutuamente en una casa que sentían como una prisión, donde la obediencia no era solo hacia los padres, sino también a las decisiones que tomaban por ellas, incluso antes de que comprendieran sus alcances. Hasta la escogencia que hacían los padres de sus esposos, aquello del amor, el entendimiento, no existía, no era posible, era obediencia ciega, humildad resignada.

Elena contaba con 16 años, cuando su padre, Jesús Pérez, le indica que llevará a casa a uno de sus compañeros de trabajo, un joven, que desea conocerla. Ya tienes edad, le dijo sin mirarla, pronto cumplirás 17 es hora de pensar en un matrimonio para ti.

A Elena se le aguaron los ojos, ¿un amigo de mi padre? pensó. Disimuló con una sonrisa que parecía más una mueca. Lo invité a cenar mañana, espero te arregles un poco, le agregó, su padre con ese tono que no admitía replica.

Ella, no pronunció palabra alguna. Se dirigió a la habitación que compartía con Julia y sin terminar de cerrar la puerta, comenzó a llorar.

Julia en ese momento no se encontraba allí, aprovechó entonces para sentarse en la cama donde ellas dos dormían, lloró sin poderlo controlar, debe ser un viejo, aunque en aquella época, un hombre de 33 años, la edad de su padre ya era considerado viejo solo por estar casado y tener hijos.

Ella apenas comenzaba a vivir, o eso creía, había dejado atrás una niñez rígida, marcada por una educación donde ellas, como mujeres y chicas, no tenían ni voz de voto, solo se aceptaba la orden, la decisión del padre era ley, no se discutían.

Recordaba que ella y Julia desde los 7 años ya tenían tareas que cumplir: levantarse temprano, a las 6 de la mañana, que se les permitía, so pena de un castigo que decidía el hombre de la casa, como la única voz que se tenían que obedecer.

Eran las responsables que antes de levantarse su padre, en el baño debían estar las dos vasijas para él bañarse, igualmente otras dos en la cocina para cocinar y lavar los platos y enseres antes de hacer el desayuno.

Terminaban agotadas, eran pequeñas y aquellas vasijas pesaban lo suficiente para sus pequeños cuerpos y su poca fuerza, cargarlas desde la orilla del lago hasta la casa era agotador. Sin embargo, lo hacían, lo tenían que hacer.

7 y 9 años, solo tenían 7 y 9 años, su niñez colmada de obligaciones, que debían obedecer, solo obedecer no había alternativa. Así recibían los primeros rayos del sol, obedeciendo, calladas.

Para esos días Elena, con un carácter más dócil aún, tenía 9 años. Dos años más grande, pero igual delgada, de contextura frágil, trataba de calmarla, para evitar el regaño o el castigo de Jesús, el padre muy poco amoroso, de carácter fuerte que no aceptaba excusas, tenían que recoger el agua sin queja, sin excusas. 7 y 9 años, solo tenían 7 y 9 años.

Aquella fue una infancia colmada de obligaciones, no se les pidió sacrificio, se les enseñó obediencia y nadie les explicó, que, con el tiempo, eso lo llamarían virtud.

Esos años que tanto recordaban ellas, jamás los olvidaron, muchos de esos días hoy se leen en esas líneas a medio escribir, en las hojas de envolver verduras, que la guardaba de una manera muy íntima Julia quien dejó escrito como su buena hermana Elena, la más querida, aquella noche recibió al amigo de su padre tal como lo indicó.

Era un joven de unos 28 años, casi 9 años mayor que ella.

Alvaro, quien así se llamaba, al ver a Elena quedó impresionado, ella de todas las hermanas la más linda con una tez blanca impecable, un cabello rubio largo que le caía sobre los hombros y unos ojos café brillantes, reflejos de su inocencia, bondad y calidez de su personalidad.

Alvaro impresionado, desde esa noche la visitaba todos los días, en muchas oportunidades llegaba con su padre al salir del trabajo.

A Elena aquel joven, aún mayor que ella, le agradó, era blanco de ojos azules y cabello negro. Todo un candidato para ser aceptado por su padre.

Alvaro la trataba con respeto, acatando las costumbres de la época. Cada uno en su silla, una sonrisa y algún comentario del momento.

En tanto en su habitación con su hermana y amiga Julia, Elena expresaba el miedo que sentía, ella no deseaba terminar triste y taciturna como su hermana Josefina a quien varias veces la ha visto llorando con marcas de golpes en los brazos.

Por momento entraba en pánico, ¿qué podía hacer si Alvaro se comportaba con ella como José Alberto con Josefina?

Con palabras y preocupaciones como esa, Julia no sabía qué responderle, era más inocente e incauta que su querida hermana Elena. Sería muy lamentable, una chica tan linda, dulce y obediente como Elena tuviera el mismo destino que Josefina.

Fueron pasando las semanas, Julia en aquellos papeles continuaba escribiendo sus vivencias, sus inquietudes, parte de las conversaciones con Elena, ya eran muchas líneas, muchas palabras cargadas de verdades, sentimientos y temores sobre la vida del día a día con un padre tan riguroso, como su propio destino.

Elena se casaría en unos días con Alvaro, con ese caballero que se ganó su amor, el respeto y la posibilidad de ser más feliz que bajo el techo de sus padres Jesús y Lupe. Elena se hizo muchas ilusiones, así le comentaba a Julia, ella al fin, sería feliz, desconociendo aun la realidad de las mujeres en ese tiempo a finales del siglo 19, sobre todo en Suramérica con un patriarcado muy marcado.

En una boda muy sencilla, Elena y Alvaro contraen matrimonio. La felicidad reflejada en todos, de manera especial en Julia quien deseaba de todo corazón que su buena hermana, fuera muy feliz y ese día, mirándola como sonreía y se tomaba de la mano de Alvaro así lo estaba confirmando.

Elena, al fin sonreía, sin un reproche en la mirada de Jesús, su padre, sin la preocupación de tener que hacer exactamente todo para no recibir regaño, ni un castigo mayor. En otras palabras, Elena salía de la casa de sus padres que siempre la sintió como una prisión, que por momentos la asfixiaba.

Esa noche de bodas llegó como llegan las tormentas que nadie anunció.

Elena había repetido durante todo el día lo que su madre le dijo antes de salir de casa "ahora eres esposa, comportante como una mujer decente". Nada más. Ninguna explicación, ninguna palabra que iluminara el abismo al que estaba a punto de asomarse.

Entro a la habitación con el vestido todavía oliendo a iglesia y azahares. El corazón le latía como una mezcla de pudor y temor indefinido. Pensaba que el matrimonio era compañía, conversación, tal vez hijos... pero nunca imagino lo que aquella puerta cerrada significaba.

Cuando Alvaro se despojó de la ropa sin miramientos, sin una sola palabra que suavizara el momento, Elena sintió que el mundo conocido se le rompía en pedazos.

Jamás había visto el cuerpo desnudo de un hombre. No entendía aquella urgencia en sus manos, aquella respiración pesada, aquella mirada que no pedía permiso.

No tengas miedo, dijo él, pero no era consuelo, era una orden.

Elena no comprendía que estaba ocurriendo. Nadie le hablo del deseo, ni del consentimiento, ni del derecho a decir no.

Su cuerpo tenso como el de una niña que presiente castigo. Lo que siguió no tuvo ternura, ni preguntas. Fue un acto rápido, impuesto, inevitable y doloroso.

Ella se quedó muda, con sus ojos cargados de llanto, mirando al techo, contando las grietas de la pared, intentando separarse de lo que estaba sucediendo. No hubo amor, no hubo descubrimiento. Solo una sensación de invasión de algo que le era arrebatado sin que ella supiera siquiera que era.

Cuando todo terminó, Alvaro se dio la vuelta y se durmió con la tranquilidad del deber cumplido.

Elena en cambio, permaneció despierta hasta el amanecer, comprendiendo sin palabras que el matrimonio no era el sueño prometido, sino un territorio donde su inocencia había quedado atrás para siempre.

Necesitaba a Julia, ella necesitaba a su hermana, se sentía no sola, sino totalmente sola, confundida, ¿Qué era todo eso que pasó en la noche?

Cuando el primer rayo de luz atravesó las cortinas aterciopeladas y demasiado pesadas para el pequeño ambiente, Alvaro rompió el silencio

¿"dónde está mi café?"

El tono no era de ternura, sencillamente era de costumbre.

Elena saltó de la cama. Al llegar, ella ya estaba a mitad del cuarto con su vestido blanco con manchas rojas. Lo miro apenas unos segundos. No sabía si sentía, vergüenza, pena o dolor.

La tomó de la mano y casi obligada la llevó a la cocina, en cinco minutos debo comer, le dijo recordándole a su padre, y allí entendió lo duro, fea e infeliz que sería su vida. En unas horas, el amor por Alvaro, cambio por miedo, tristeza e incertidumbre.

Ella tenía apenas 17 años recién cumplidos, al quedar sola en la cocina, lloró de miedo, le temblaban las piernas y el corazón latía muy rápido.

En su casa el desayuno, que él pedía, era a las 11 de la mañana: caldo de verduras o de pollo, arroz y plátanos.

Ella no sabía cocinar, mucho menos para Alvaro aun desconocido a quien muy poco conocía sobre sus costumbres y cultura familiar.

Aun en medio de la cocina con un maltratado traje de novia, la consiguió Alvaro, llorando con intensidad.

Se condolió, fue hacia ella, "vamos Elena" la abrazó y la condujo al baño, "te tendré paciencia, entiendo que nada sabes de tus obligaciones".

Eres mi esposa, debes atenderme en la cocina y en la cama"

¿Y eso que significa?

Alvaro se la quedo mirando, "báñate, que te llevaré a casa de tus padres, debes hablar con tu madre"

En medio de un silencio pesado, de una incomodidad que ambos sentían, para ella aquella realidad era un mundo nuevo, ese solo momento para estar con él, no fue como lo imaginaba, no hubo palabras dulces, ni besos en los labios, solo un arrebato sobre su cuerpo sin entender que estaba pasando.

La inocencia de Elena era la consecuencia de una crianza llena de secretos, de tabú, de hechos considerados pecados y esa confusión no lograba asimilarla, entenderla. ¿Qué sería lo que debe conversar con su madre?

Ese tiempo en casa mientras ella se viste para salir hacia la casa de sus padres, Alvaro cree que ha cometido un error, esa chica no es para él, hay muchas sombras en ese camino que ha comenzado con mucha tristeza en su cara, un dolor interno que nadie le advirtió, y él la ama, no la quiere ver sufrir.

En casa de sus padres, como era de esperarse, no la reciben con el amor y el aprecio que debía ser. No así sus hermanas, Julia y Margarita quienes la abrazaron con una alegría especial, en tanto ella en brazos de Julia lloro, esa noche fue terrible, les repetía: ¡fue terrible!

Alvaro en verdad la amaba, se lo manifestaba a su manera en esos tiempos donde el hombre marcaba el camino y todos obedecían, expresarlo les era difícil en una era con una cultura donde demostrarlo era signo de debilidad en los hombres. Elena en esos momentos con sus dos hermanas Julia y Margarita, logró el consuelo que necesitaba.

Esas historias que nos contaba la tía-abuela Elena sentadas en las mecedoras del jardín de nuestra casa, aun podemos escribirlas, podemos recordarlas, tal como lo estamos haciendo y con ello revivir el cariño, aprecio y un amor especial hacia ellas quienes vivieron, superaron y entendieron que debían contarla no solo para valorar a las mujeres de esa era del final del siglo XIX y el inicio del XX, sino para que jamás se repita una cultura como aquella donde no se valoró el rol de la mujer.

La conversación entre Elena y su madre Lupe, fue sincera, abierta, por primera vez hubo acercamiento de mujer a mujer, entre madre e hija. En ese ambiente algo frío, pero con más confianza entre ellas, Lupe le explica el rol que como esposa debe cumplir con Alvaro. Sin darle todos los detalles, Elena entendió que estar casada no le ofrecería la libertad que buscaba y que Alvaro definitivamente sería un sustituto de su padre.

La tristeza la marcó desde ese momento, sencillamente debe ser dócil, obedecer y acatar la palabra de su marido, de hacerlo llevaría una vida medianamente buena, no lo feliz que buscaba, pero recibiría un trato mejor y una atención como esposa.

Con el correr del tiempo, Elena sale embarazada. Es otra lección que le dará la vida. Una vida nada agradable, a sus

17 años ya tendría otra gran responsabilidad: ser madre. Aprender el oficio en el camino.

Julia, su hermana más querida, la de los poemas y sueños de amor, con su carácter alegre, jovial, la ayudaba en su estado de ánimo, también durante el embarazo, la visitaba cuando Jesús se lo permitía.

Muy pronto Elena descubrió que el hombre a quien había entregado su esperanza arrastraba sombras profundas.

Alvaro bebía más de la cuenta, como si el licor buscara desahogar sus propios miedos y en su cuerpo comenzaba a gestarse una enfermedad silenciosa y cruel: la tuberculosis, que poco a poco le iba robando la fuerza y también la templanza.

Con la enfermedad llego la aspereza del carácter y con ella, los golpes. Aquella casa que Elena había imaginado como refugio se convirtió en un nuevo encierro, distinto al de la casa paterna, pero igual de asfixiante.

El amor prometido se transformó en dolor, y la ilusión de una vida tranquila se fue apagando entre silencios, moretones ocultos y lágrimas que nadie veía.

En esos años oscuros Elena no encontró amparo en su padre, Jesús seguía siendo el mismo: severo, inflexive, incapaz de ofrecer consuelo. Volver no era una opción, pedir ayuda tampoco. Elena cargo sola con su pena. Sosteniéndose apenas en la ternura de su hija, la única luz que había nacido de aquel matrimonio.

Tres años después de la boda, la tuberculosis termino por llevarse a Alvaro.

Elena viuda joven y con una niña en brazos y un corazón marcado por una felicidad que apenas había alcanzado a rozar.

La libertad que había soñado llego sí, pero envuelta en duelo, cansancio y una tristeza profunda que ya formaba parte de ella.

Mientras Elena vivía su propio calvario, Julia su hermana a los 16 años su padre la entregó en matrimonio a otro de sus amigos, igual de envalentonado como la mayoría de los hombres no solo de su círculo de amigos, sino en un país donde pensaban que las mujeres eran sus esclavas, para una cosa y para otra.

Ellas, Elena y Julia, víctimas de un padre que no las valoró, como tampoco su madre Lupe sometida bajo su yugo sacrificó la vida de sus propias hijas, quienes no contaban con quien las defendiera.

Así cada una de ellas, sufrió la tiranía de hombres rudos, bebedores de licor, como única distracción en esa época de pocas fiestas, amistades sinceras y familias unidas.

Elena al quedar viuda muy joven con apenas 23 años, luego de la amarga experiencia con su esposo Alvaro, juró no casarse más y dedicarse a sus dos hijas: Josefa Elvira y Josefa Elena la bebe que tuvo en brazos cuando Alvaro las dejó para siempre.

 Con el correr de los años demostraban haber heredado de su padre su mal genio y poca empatía inclusive hacia su propia madre.

EN LA MECEDORA

Fueron casi 20 años de sacrificio de esas hermanas que soñaban con poemas y amores de fantasía, pero eran otros los caminos muy diferentes que recorrerían.

Llevaron una vida de abnegación, sacrificio, dedicación, sin lograr la felicidad que desde niñas buscaron sin resultados.

Las hermanas Matheus Rincón obedecían, callaban, no protestaban, convencidas de que, a través de la humildad y la obediencia, lograrían finalmente conectar con su padre, creían reconocería su proceder sumiso. Nada de eso ocurrió.

Así no fueron los resultados, nunca conectaron con su padre, tampoco con sus esposos, mientras ellas se despojaban de sus propias necesidades y emociones, ellos se aprovechaban de esa docilidad, empujándolas a relaciones toxicas y en algunos casos profundamente esclavizante.

Elena de carácter más frágil fue quien más se anuló, dejando siempre sus emociones y su dolor en último lugar.

Y en la mecedora de nuestra casa, muchos años después, la tía Elenita, ya con el peso de casi un siglo sobre los hombros, nos contaba estas historias con una serenidad que solo da el tiempo. Allí nos habló también de quien, con los años, sería nuestra madre: Rita Julia.

Nos señalaba entre esos recuerdos, a los hijos de nuestra abuela Josefina, una de esas mujeres que merecen un cielo. Tuvo siete hijos: cinco varones y dos hembras:

José Antonio

José Luís

Evaristo

Marcos

Tulio

Rita Julia

Guadalupe

Nadie sabe de dónde sacó tanta fortaleza en tiempos tan duros, cuando parir y criar era casi una batalla constante.

Pero lo hizo.

Hasta que su cuerpo, agotado tras tantos partos atendidos por parteras, no resistió más. En su último aliento, falleció, dejó un recién nacido en la cuna y seis hijos huérfanos

Casada con José Antonio, hacendado de dinero, y apellido fuerte, su vida estuvo marcada por la abundancia material y la escasez emocional. El era un hombre de campo, de mando y también de aventuras. Mujeriego, como tantos de su tiempo, acostumbrado a todo lo que el dinero permitía, hasta suavizar las faltas, y el silencio femenino las sepultara.

Josefina paría y criaba. Siete hijos llegaron a sus brazos: cinco varones y dos hembras. Siete partos en tiempos donde dar a luz era caminar siempre al borde del abismo. Siete cuerpos nacidos entre parteras, sudor y rezos.

Pero la prueba mayor no vino del dolor físico.

Vino una tarde, una muchacha de uno de los bares que mi abuelo frecuentaba había muerto en el parto. La enfermera sin más destino para la criatura, se la entregó a él, a quien era el esposo de la abuela Josefina.

Esta es su hija

Muchos años después, él mismo contaría, qué al verla en sus brazos, tan pequeña, tan indefensa, pensó:

¿y yo que hago ahora con esto?

En esa mecedora, bajo la mata de mago, la Tía Elenita, nos dijo que, estando Josefina en la cocina con la brega del almuerzo, ve como una sombra en la puerta, la luz de fondo de esa imagen era la silueta de un hombre con un bebe en brazos.

La sombra se fue acercando, tomó forma, era su esposo con una niña envuelta en una sábana. Sin pronunciar palabra se la entregó a Josefina, nuestra bella y abnegada abuela.

Ella no pronuncio palabra, no sabemos cuánto silencio hubo en ese momento. no sabemos si hubo lagrimas contenidas, orgullo herido, rabia tragada.

Lo qué si sabemos, de esas historias que nos contaba tía Elenita sentada en esa mecedora, es que mi abuela Josefina, miro a la niña y la recibió.

Claro que la recibo, ella no tiene la culpa de lo que tú eres, le dijo al abuelo.

La tomó, la abrazó.

Esa niña, se llamó Teresa Matilde.

La crio como propia. La amamantó junto a sus hijos, nunca la discriminó, para ella era su tercera hija hembra. La sentó en la mesa familiar. La defendió del rumor y del señalamiento, no permitió que la culpa del padre se convirtiera en carga para ella, Teresa es una hija más.

Con Teresa serían entonces los 8 hijos que dejó: 5 varones, 3 hembras.

Ocho niños bajo el mismo techo. Ocho historias latiendo alrededor de una mujer que parecía no agotarse nunca.

Hasta que su cuerpo exhausto de tantos embarazos y partos dijo: basta.

En el último alumbramiento, Josefina no resistió. Dejo un recién nacido en la cuna y 7 más huérfanos de madre.

Teresa tenía ocho años.

Nunca dejó de ser hija.

Josefina 8 hijos al fallecer

Margarita sostuvo lo que quedo

La historia de nuestra abuela Josefina, no terminó con su muerte.

Cuando su cuerpo no resistió más y dejo a un bebe en la cuna y 7 hijos más sin madre, la casa quedó suspendida en un silencio espeso.

José Antonio el padre, seguía vivo, pero su vida continuaba con otra historia, otra familia paralela.

Con josefina murió también la estabilidad emocional de ese hogar.

Aparece entonces Margarita.

La tía soltera, la que nunca tuvo marido e hijos propios. La costurera de alta costura, que confeccionaba trajes de novia con manos firmes y mirada paciente. La que, sin hacer ruido, dio un paso al frente cuando más se necesitaba.

"Todos, me los dejan a mí"

Lo dijo allí frente al padre José Antonio y sus hermanas: Julia y Elena.

Margarita no preguntó cómo lo haría. No calculó si el dinero alcanzase. No midió el cansancio. Simplemente asumió la responsabilidad, abrió su propia casa comenzando una nueva vida.

Entre tantas telas blancas, encajes y puntadas minuciosas, fue criando a aquellos niños que habían perdido a su madre. Mientras cosía vestidos para otras mujeres que comenzaban sus vidas, ella reconstruía una que había quedado fracturada.

Teresa Matilde, sin embargo, tomo otro rumbo, no por decisión propia, con apenas 8 años y apegada a sus hermanos, su padre José Antonio tomó una decisión: internarla en un colegio de monjas. Quizás por culpa, quizás por conveniencia, tal vez por necesidad de enderezar lo que él mismo había torcido.

Allí en ese internado para señoritas con recursos, creció lejos de sus hermanos, bajo disciplina y rezos. José Antonio, su padre, cancelaba sus gastos.

Al salir contaba con el título de secretaria ejecutiva.

A pesar de la separación de sus hermanos, aquel lazo no se perdió, la sangre y el amor recibido, no se borran.

En esa familia de antes que se respetaba el compromiso de los padrinos otorgados en bautizos de la iglesia, se respetaba tal como debía ser, la tía Margarita lo honró totalmente.

Es entonces cuando Laura una prima hermana de las Matheus Rincón, se presenta ante ellas, como la madrina de Rita Julia y le pide a Margarita que a ella no se la lleve, que le permita cumplir con su deber religioso, además que ella sin hijos, la criará como hija propia con tan solo 12 años.

Así exactamente fue, a partir de ese momento Rita Julia la llamó "madrinita". Fue una verdadera madre para la pequeña, la crio no solo con amor de madre, sino con todas las comodidades que se podían tener en esa época, su esposo "padrinito" era comerciante con buena posición económica.

Así Rita Julia igual que Teresa Matilde, no crecieron bajo el techo de la Tía Margarita como sus otros hermanos, pero ese lazo de sangre y amor familiar nunca se perdió.

Cuando la tía Teresa, terminando el internado, a los 18 años regresó, siendo mayor de edad, no fue recibida como la hija de afuera, era parte de los Pérez Matheus. Una más entre los ocho, una historia que comenzó en la desgracia y termino fundida en familia.

Así se fue tejiendo esa casa:

Con el vientre de Josefina

Con la aguja firme de Margarita

Y con niños que aprendieron a crecer sin madre, pero con amor. Margarita fue estricta en la educación hacia ellos, pero envueltos en paciencia y comprensión.

Aquellos chicos: Evaristo, José Antonio, José Luís, Marcos Vinicio, Tulio y Guadalupe, la hija hembra del grupo bajo la tutela de la Tía Margarita, estudiaron y se graduaron en las diferentes profesiones del momento en la Universidad de Maracaibo.

Mientras mi Tía Elenita, me narraba esas bellas y abnegadas historias, entendía que aquellas mujeres Pérez Matheus, la podíamos identificar a cada una de manera diferente: la que representaba el amor, que no discrimina, esa era Josefina.

En tanto la de la responsabilidad que no se elige, pero se asume con grandeza, era Margarita.

La qué sin hijos, cumplió el rol de la madre con amor es Laura, la "Madrinita", quien adoptó a Rita Julia, quien años más tarde, ella sería nuestra madre.

Para terminar esta parte de tan bella y autentica historia debemos resaltar que aquellos fueron años muy duros, de principios del siglo 20, estamos hablando del 1902 en adelante, época rígida, con moral estricta sobre todo para las mujeres y con poco nivel educativo para ellas, recordamos que tía Elena nos decía que a las hembras se les permitía estudiar solo hasta quinto grado. El sexto aun no existía, mucho menos carreras universitarias para ellas.

ELENA

Al quedar viuda de 23 años, Elena se encontró sola con sus dos hijas Josefa Elena y Josefa Elvira, de apenas 2 y 3 años. Su matrimonio con Alvaro no había sido feliz, la vida bajo la severidad de su padre tampoco le había dejado espacio para soñar. Tal vez por eso decidió no volver a compartir su destino con ningún hombre.

Se sostuvo sola. Aprendió el comercio, manejó cuentas, regateó precios, se hizo fuerte.

Julia continúo siendo su refugio, más que hermana, fue su cómplice. Juntas se acompañaron en esa existencia donde la vida no parecía sostenerles.

Aunque nunca les falto techo, comida y vestido.

Pero una cosa es carecer de pan, y otra muy distinta de ser feliz.

A Elena le gustaba leer. En esas tardes de mecedoras, mientras el aire movía las hojas del mango, me decía que de haber estudiado habría sido doctora, para ayudar a las mujeres en el momento de dar a luz. Había presenciado los partos de Josefina y sabía que parir era un milagro, pero también una batalla.

Debería ser más sublime, no tan doloroso y solitario.

En aquellos tiempos las mujeres solo podían rezar. No tenían voz, ni elección, ni universidad que las recibiera. Tenían que obedecer.

Cuando le preguntaba si había sido feliz en algún momento, me bajaba la mirada.

A nuestro modo, respondía.

Pero la palabra feliz se quedaba suspendida en los labios como algo que no termino de pertenecer nunca.

Cuando le insistí, si había sido algún momento feliz,

Allí fue la única vez que vi en sus ojos algo distinto al cansancio.

Una vez sentí algo me dijo bajando la voz. Miró hacia la cocina allí estaba mama, y entonces se inclinó hacia mí, me dijo "un poco", bajando la voz y la mirada,

"en la iglesia" y sonrió, una risa casi adolescente.

Me conto que era un muchacho blanco, de cabello negro muy bien peinado, siempre con camisa blanca y traje marrón. No sabía su nombre. Nunca hablaron solo se miraban.

El me miraba y a mí me gustaba.

Nada más que eso.

Pero en su manera de decirlo había un mundo entero.

Lo veía en algunas misas, en otras no. A veces entraba cuando ya el sacerdote había comenzado el rezo. Otras veces desaparecía por semanas y cada domingo antes de sentarse, ella lo buscaba con la mirada entre los bancos, como quien no espera nada, pero espera todo.

Nunca cruzaron palabra, no hubo promesas ni cartas escondidas, solo miradas sostenidas unos segundos, más de lo permitido.

Fue suficiente, susurro.

Y por un instante la vi no como mi tía con más de 70 años, sino como la muchacha que pudo haber sido, pero que solo se quedo con su ilusión. Y aún en ese momento, lo recordaba con un brillo en sus ojos. Tal vez hubiera sido una vida diferente.

Después cuando calló, saco un pañuelo que siempre llevaba en el bolsillo y se secó los ojos con un gesto rápido, como si el recuerdo necesitara esconderse

Esto solo te lo digo a ti, que sea un secreto, asentí, lo fue, hasta hoy.

El solo hecho de tener serias responsabilidades a partir de los 16 años, con una pareja que apenas conocía, que eran escogidos por su padre, no por sus padres, allí solo valía la voz y decisión del jefe de la casa: el padre, la madre que podría ayudarlas al fin como mujer, no tenía ninguna autoridad, para nada su opinión importaba, ni siquiera era solicitada

Esa figura que marcó sus vidas, que no les permitían ser felices, que no fueron tratadas con la delicadeza que se merece una mujer y muchas más chicas como ellas que apenas se asomaban a la vida y ya les escogían al marido a quien deberían reverenciar, atender y obedecer sin protesto, sin dudar.

En esa oportunidad cuando le pregunté, ¿si llegó a enamorarse, si conoció el amor?

Y me respondió con tan bella ilusión que tuvo por minutos, fue solo esa, una vez cuando sintió esa sensación, con esa leve sonrisa en los labios, como un susurro, para que mamá quien estaba cerca, no la escuchara, nos dejó la sensación qué a pesar del tiempo, ellas guardan ese temor, esa preocupación como si aun tuvieran frente a ella a Jesús, el padre que dejó fuertes traumas en sus cuatros hijas.

Que lamentable, que tristeza esa vida de nuestras tías abuelas, que hoy nos duele pensar que aún llevan grabada la sombra de un padre y a sus más de 70 años lo tienen en sus recuerdos, en sus relatos que los narran con temor, bajando la voz para que no las escuchen.

En esas mecedoras donde tanto tiempo pasamos, también eran un gran consuelo para mí, allí pasé mis nueve meses de embarazo de mi primera hija. Allí con mamá y ella, pase mi primera experiencia de futura madre.

Cuantos consejos, cuantas lecciones de vida, escuché de ella.

"Del agua mansa líbreme, Dios, qué de las bravas, me libro yo", me decía en algunas ocasiones.

Se refería a mi esposo, a su carácter tranquilo, complaciente y amable con todos.

Con el correr de los años, entendí la profundidad de sus palabras.

Ella nunca hablaba de sus hijas, Josefa Elena y Josefa Elvira, tal vez como buena madre, no reconocía lo mal que la trataban y que todos conocíamos, pero tía Elena era así, de sus hijas y sus nietos que fueron unos cuantos, solo hablaba para bien, nunca una queja, ni un lamento, hasta ese punto la acostumbraron a sacrificarse desde que nació.

Aun no me explico como siendo ella, tan buena persona, la abuelita bella y querida que no tuvimos y la encarnamos en ella, fue tan poco apreciada, amada por su propia generación, porque nietos fueron 7 y solo dos, las hembras, en oportunidades la atendieron, pero más por obligación, que por abuela.

Fue mamá, Rita Julia, su sobrina, hija de su hermana Josefina, quien conociendo el trato que recibía de su gente, la llevó a nuestra casa donde recibió amor y aprecio, tenía su propio espacio, atenciones adecuadas a su edad y cercanía familiar y el amor que mis otros 6 hermanos y yo, le dimos en tantos años, la valoramos, era una abuelita de verdad, le hizo un buen relevo a nuestra abuela Josefina.

Hoy al tratar de escribir algunas de aquellas vivencias, sobre todo los días bajo la sombra de aquel mango, en la terraza y el clima cálido de siempre, siento que son pocas las palabras y los sentimientos por ella que expreso en esta novela buscándoles un cielo para ella y a sus hermanas, nuestras tías-abuelas para lo que en realidad fueron y aún continúan siendo, en nuestras vidas.

"¿Las mujeres de ahora, de qué se quejan?"

Eso me lo dijo hace más de 60 años, y aún lo recuerdo perfectamente.

¿Por qué tía Elenita, dices eso? ingenuamente le pregunte.

Ustedes no saben la vida tan cómoda que llevan,

Veo a Rita allí en la cocina:

Le da vuelta a una llave y sale agua.

Aprietan en la pared un botón, y encienden la luz.

Colocan la ropa en ese aparato, y sale limpia y casi seca.

Tienen escobas para barrer.

Coleto para limpiar el piso.

Usan el polvo que les gusta para lucir el rostro.

Un Lápiz labial, para destacar los labios.

Lo tienen todo, hija mía, ustedes lo tienen todo para una vida fácil y práctica. Y sin embargo se quejan.

Entre risas, tuve que reconocer lo que para nosotras es algo normal, trivial.

Fue entonces cuando dejamos de sonreír y me explicó:

Julia y yo desde las 6 de la mañana recogíamos agua de la orilla del lago, la teníamos que colar cuando el agua estaba turbia, con arena.

Eran 4 vasijas casi de nuestro tamaño, la cargábamos entre las dos, una sola no podíamos. Dos eran para el baño de papá, y las otras dos para la cocina.

Eso lo hicimos siempre, primero en la casa de nuestros padres, luego en la nuestra. Era tarea de las mujeres, no para hombres, me enfatizó.

En la casa había varios candelabros, nos alumbrábamos con velas, con muchas velas.

La ropa la lavábamos en la orilla del lago.

Nos tocaba muy duro, todo era muy duro para nosotras, y al decirlo hacía silencio que yo le respetaba. Esos recuerdos no son para celebrar, son para reconocer.

Todos esos años que ella vivió con nosotros, le alargaron la vida, tuvo muchos bellos y agradables momentos, cada fecha, cada día especial (navidad, año nuevo, cumpleaños) ayudaron a reivindicarle sus años pasados inclusive en su matrimonio y luego con sus hijas.

Cuando comenzó a sentirse mal, con el peso de 97 años, le pidió a mamá la llevaran donde sus nietos, donde sus nietas.

Así lo hizo mamá, como esperábamos, no la recibieron con la alegría que debía ser, pero la recibieron.

En la oportunidad de ir para verla, conversar como siempre de nuestras vidas, más de la suya y las tías abuelas, que de la nuestra que la vivíamos día a día, pero la de tía Elenita, se apagaba y con ella se irían muchas más historias, muchos otros consejos, pero sobre todo se iba su presencia, su voz, su obediencia y resignación a la vida que le correspondió en esos años de su niñez y adolescencia.

JULIA

Era imposible pensar que una chica de esos años inicio del siglo XX, cuando las mujeres eran tan sometidas, mi tía abuela Julia, nunca se rindió, nunca perdió su sonrisa, su alegría, su carácter positivo.

De todas las historias que escuche sobre ellas las tías abuelas y de mi propia abuela Josefina, hay una que al recordarla nos hace sonreír. No es una historia trágica, ni heroica, ni grandilocuente, es apenas una travesura, pero en esa travesura estaba escondida la esencia completa de Tía Julia.

Cuando ella y Elena iban a recoger el agua en la orilla del lago cargando los cantaros más grandes de lo que sus brazos infantiles podían sostener, Julia esperaba el momento exacto en el cansancio, sobre todo de la espalda, sin decir nada metía las manos en el agua clara y removía la arena del fondo hasta enturbiarla.

Corría donde su mamá con expresión inocente, hay que esperar el agua esta revuelta, le decía. Y así ellas descansaban por un largo rato haciendo menos agotador tan exigente labor.

No era flojera

Era inteligencia temprana

Era una forma dulce de rebelión

Julia entendía algo que quizás no sabía poner en palabras: si la vida te impone cargas demasiado pesada, puedes revolver un poco las aguas y ganar tiempo para respirar.

Así era la tía Julia, suspicaz y alegre

Era la alegre de todas ellas, cantaba, bailaba, sin música, sencillamente bailaba y las hacia sonreír. Inventaba pasos y las otras intentaban imitarla para terminar en risas.

Era una época donde a las mujeres se les enseñaba a bajar la mirada y no llamar la atención, tía Julia parecía no haber recibido del todo la lección.

No era desafiante

No gritaba

No discutía

Simplemente no dejó de reír.

Cuando creció y se casó, lo hizo con la ilusión que tenían todas: la promesa de un hogar propio, de un hombre que la cuidaría, de una vida estable. Nadie le advirtió que la alegría no salva a quien ya se está hundiendo. Nadie le explico que el amor no cura el alcohol.

Su matrimonio fue breve, demasiado breve. Su esposo a poco tiempo de estar casados, se enfermedad del hígado se lo llevó antes de que la vida juntos pudiera consolidarse. Tía Julia quedo viuda, joven con una sola hija y una realidad que no era fácil para ninguna mujer de su tiempo y sin embargo algo en ella permaneció intacto

Quizás ya no bailó igual

Quizás su risa se volvió más baja

Pero nunca desapareció

Porque ella era de las que cuando el agua se enturbia, no se queda llorando frente al lago. Espera, respira y cuando la claridad regresa vuelve a llenar su cántaro.

A tía Julia yo no la conocí cargando los cantaros, ni revolviendo el agua del lago.

A la tía Julia que yo conocí le decíamos tía Julita y cuando la tristeza se sentaba en nuestra casa sin pedir permiso, ella se levantaba de la mecedora, se agarraba el vestido con ambas manos y a bailar se ha dicho.

No necesitaba música

No necesita publico

Ella misma cantaba

Le bastaba nuestras caras largas para decidir que aquello había que espantarlo.

No hay necesidad de llorar, cuando se puede reír. Nos decía.

Y lo decía en serio, fue una de sus lecciones de vida

A veces pienso que esa frase no nació en la sala de la casa nació muchos años atrás quizás cuando en el mismo instante cuando metió las manos en el lago para enturbiar el agua y ganar unos minutos de descanso mi tía entendió desde su niñez que la vida pesa, pero también entendió que uno puede negociar con el peso.

Su esposo murió joven, consumido por el alcohol, ella quedo sola con una hija y una historia que no había sido como la soñó en aquellos tiempos eso bastaba para que una mujer se volviera sombra.

Pero tía Julia nunca fue sombra.

No porque no sufriera

Sino porque decidió que el sufrimiento no iba a tener la última palabra.

La viuda joven pudo haberse encerrado en el llanto y la queja

La mujer decepcionada pudo haberse amargado

La madre sola pudo haberse endurecido

Pero tía Julia eligió otra cosa

Eligió bailar

Llevó una vida resignada, con su hija a quien logro llevar a un nivel de secretaria ejecutiva con la idea y así se lo hizo saber en varias oportunidades, no tener que depender del esposo o de pareja masculina alguna.

La experiencia con sus padres donde la madre siempre sometida bajo el yugo de ellos precisamente porque económicamente dependían totalmente de sus esposos.

Julia definitivamente tanto en su niñez, cuando cargaba aquellas vasijas de agua todos los días al levantarse, era mucho para su contextura delgada y pequeña, con una adolescencia que no le dieron tiempo de disfrutar al casarse a los 16 años y tener a su única hija a los 17, para finalmente quedar viuda a los 21, no tuvo una vida medianamente feliz, ella según me explicaba en esas conversaciones en la mecedora cuando vivió con nosotros y charlábamos por largos ratos, que no ha conocido la felicidad que tan solo estando en nuestra casa se sentía apreciada, valorada y atendida.

Nuestra madre, su sobrina Rita Julia, fue como otra hija que la valoro, que la trataba igual a todas ellas con paciencia y cariño, y por momentos nuestra casa fue su refugio, donde fuimos 7 hijos, 7 sus sobrinos que la amamos, que fue otra de nuestras abuelas, ya que la nuestra Josefina no la conocimos.

Fue ella, tía Julia, quien nos alegraba el hogar, siempre una gracia, un baile y el ambiente lo cambiaba.

Tía Julia nos regresa en la historia de la tía Elenita, fueron dos vidas muy diferentes, a medida que crecían, el carácter de cada una les marcó el camino.

 Gracias a ella, hoy sabemos de su vida y de esas mujeres de aquellos inicios del siglo XIX con una vida tan triste, tan sometidas, tan poco valoradas que por eso: "queremos un cielo para ellas".

La hija de Tía Elena, Josefa Elvira, siempre amargada, de mal carácter, varias veces la sacó de su casa, maltratada, con ofensas. Y eso no lo podía aceptar nuestra madre Rita Julia y finalmente la llevó a vivir en nuestra casa, allí, al fin nuestra querida tía Elena, vivió en grato ambiente, querida y amada.

Mientras que Rita Josefina la única hija de Tía Julia, la tuvo siempre a su lado. La ayudo en la crianza de sus tres hijos: Aroldo, Oswaldo y María Isabel.

Ellos en su momento también compartieron nuestro hogar, el mismo techo, como la mejor demostración del sentido de unidad familiar que si entendieron nuestros padres Adaucio y Rita Julia. La casa de ellos era la casa de todos cuando el momento lo ameritara.

Recuerdo aquellas noches, cuando antes de irme a la cama, pasaba por la hamaca de tía Elenita, donde le gustaba dormir, la arropaba, o lo hacia otra de nosotras sus sobrinas-nietas como Thais Coromoto, siempre cariñosas, siempre tratando de darle una vida mejor después de haber pasado por tantas desilusiones, malos tratos y vejámenes de su propia sangre.

Tía Elena tía Julia siempre tan queridas.

Tía Julia y Tía Elena, crecieron bajo el mismo techo y bajo la misma sombra. Aprendieron pronto que la obediencia era ley y que el destino de una mujer no se discutía. Una fue esposa demasiado joven y madre en medio de la incertidumbre, la otra viuda a los 21 años decidió no volver a entregar su libertad nadie.

Ambas supieron lo que era cumplir antes que desear.

Cargaron agua del lago cuando aún era de noche, lavaron ropa en la orilla, alumbraron sus noches con velas y aprendieron a callar lo que dolía.

Julia sostuvo la alegría como un acto de resistencia. Elena guardo sus sueños en cuadernos y en silencios y conservo como un tesoro íntimo, aquellas miradas cruzadas en una iglesia que le recordaron que también pudo haber amado.

Fueron mujeres de otra época, marcadas por leyes y costumbres que no les permitieron estudiar, decidir, ni escoger marido.

Pero dentro de esa rigidez construyeron una hermandad inquebrantable. Se tuvieron la una a la otra. Cuando la vida no sonreía.

Con los años en aquella terraza de la mecedora entre el murmullo del viento y la sombra de la mata de mango, sus recuerdos no eran reproches, sino memoria viva. No hablaban para quejarse, sino para que no se olvidara.

Tal vez no fueron felices en el sentido pleno de la palabra, pero fueron fuertes. Y dignas, y capaces de amar a su manera.

Y si hoy las nombro es porque sus vidas con sus silencios, sus renuncias y sus pequeñas luces sostienen la historia de todos nosotros.

Queremos dejar por escritos la historia de quienes nos hicieron posibles, mujeres que hoy las consideramos en un sistema de sometimiento familiar sí, pero sometimiento al fin y no queremos dejarlas en la historia como sumisas, débiles y hasta cobardes, todo lo contrario fueron mujeres duras, que respetaban y obedecían, pero se mantuvieron enfrentando lo que les correspondía, hombres rudos, inflexibles, alcohólicos, dominantes, todo eso cierto y ellas no se entregaron siendo viudas y madres con hijos, cumplieron con el rol que les colocó la vida y vivieron hasta cerca de los 100 años.

Son heroínas de un sistema, cultura y tradición que al final fueron doblegados, ellas nos dejaron su ejemplo, su dignidad, su moral y honestidad para estos tiempos que es todo lo contrario de esa herencia legada para sus generaciones.

JOSEFINA

La mujer del retrato que colgaba en el cuarto del tío José Luís, que cuando niña yo creía verme a mí misma, fue nuestra abuela Josefina, a quien nunca llegamos a conocer, y no era imaginación infantil, teníamos los mismos ojos, la misma nariz firme, el mismo cabello encrespado y rebelde que parecía no someterse a peines y a voluntades, incluso nuestro color de pelo igual.

 Cuando me detenía frente a ese cuadro, sentía una extraña familiaridad, como si el tiempo se hubiera doblado, y ella desde otro siglo, me estuviera mirando a través de mí.

Murió en su último parto, nuestra madre Rita Julia, tenía apenas 12 años cuando perdió la suya y con ella la protección temprana que toda niña necesita.

Josefina no tendría más de 30 años, en una época cuando las mujeres se casaban a los 16 y parían sin descanso, trajo al mundo 7 hijos.

En mi pueblo decían que aquellas mujeres parían a "lo macho", a "lo bravo" y lo hacían casi sin asistencia, con una fortaleza que hoy parecía imposible. Pienso a veces que fue esa carga materna, ese esfuerzo repetido de dar vida en tiempos duros, rápido le consumió la suya.

Hay algo que siempre me ha entristecido, fue la única de las hermanas que no llego a los 98 o 99 años. Largas vidas con nietros y bisnietos. Solo ella, mi abuela, partió temprano como si el destino hubiera decidido que su paso por la tierra sería breve pero intenso, dejando a su paso a quienes tenían una misión hermosa que cumplir en la tierra.

Su ausencia fue desproporcionada, casi injusta.

Y sin embargo la vida nos regaló una forma de acercarnos a ella: la tía Elena, la abuela sustituta.

En aquellas mecedoras entre historias dichas en voz baja y silencios cargados de memorias fuimos reconstruyendo la vida de ella, de Josefina.

La conocimos por sus actos, por su temple, por los relatos de días difíciles en aquellos primeros años del siglo 20, tan distinto de este 2026 que hoy habitamos.

Hubo momentos crueles, otros profundamente tristes, pero entre sombras y carencias, ellas salieron adelante. Y allí estuvo siempre Josefina, la abuela que no conocimos viviendo en el parecido, en la sangre y en la historia contada.

A veces he pensado que mi parecido con Josefina no es casualidad, tal vez al irse tan joven algo suyo quedo pendiente en la tierra y me fue entregado a mi como herencia invisible, tal vez por eso soy periodista, tal vez por eso escribo, porque alguien tenía que contarla, porque alguien tenía que devolverle la voz que el parto le arrebató.

En algo más me parezco a ella, tampoco fui feliz en mis dos matrimonios, dos divorcios me enseñaron que no todo amor es refugio, sin embargo, como ella encontré plenitud en mis hijos, tengo cuatro y en ellos he conocido la felicidad más limpia, más sincera la que no depende de promesas sino de abrazos.

Pienso a veces que repetí su historia en una versión distinta ella dio la vida hasta perder la suya, yo aprendí a perder lo que no me hacía bien para conservar la vida que si floreció en mis hijos.

Pero hay un recuerdo que terminó de sellar mi certeza de que Josefina nunca se fue del todo.

Yo tenía 14 años cuando un tribunal apareció en nuestra casa, mi padre había sido víctima de una traición comercial y de pronto, la amenaza de embargo cayó sobre nosotros como un relámpago. Mi madre estaba sola esa tarde. Sola con sus hijos y con el miedo.

La vi entrar a su cuarto, la seguí, la vi tomar el retrato de su madre, el mismo que colgaba en el cuarto del tío José Luis y apretarlo contra su pecho: "Ayúdame mamá, sácame de esta esto". Le decía con voz rota, una y otra vez.

No fue una escena teatral, fue un clamor verdadero. Un llamado desde la desesperación.

Momentos después llegó él: Marcos Vinicio, abogado, su hermano. Un vecino lo había llamado con la urgencia del caso, la situación comenzó a cambiar y al final cambió.

 El clamor a la abuela Josefina, fue presencia, fue oído. Una madre nunca abandona a sus hijos.

Alguien podría decir fue coincidencia, que fue simple cadena de eventos, pero en mi familia, desde entonces y desde antes, cada vez que la desesperación tocaba la puerta alguno de ellos, acudían al retrato de Josefina, la madre, la abuela.

Nunca estuvo presente de cuerpo, pero en ese cuadro siempre hubo respuesta.

Y al escribir este relato, parece soy la encargada desde siempre de revivir su memoria.

Cabe señalar en esta memoria que hacemos de mis tías abuelas y mis tíos, que Josefina no vivió lo suficiente para ver crecer a sus hijos, pero los dejó encaminado como quien siembra árboles y sabe que otros disfrutaran de sus sombras.

MARGARITA

Apenas tenía 18 años cuando la vida le cambió el rumbo. No era edad para renunciar a los sueños, pero le toco hacerlo. Asumió la responsabilidad de sus sobrinos menores como si hubiera nacido preparada para eso.

No se casó

No porque no pudiera

A pesar de ser muy hermosa

Sino porque eligió, o fue la vida la que eligió por ella quedarse soltera con una prole, no tan liviana: 5 chicos y 1 chica.

¿Quién se iba a casar con una muchacha que ya venía con seis muchachos a cuesta?

Su hermana Josefina fallece en el ultimo parto dejando a sus pequeños hijos en sus manos. Ella misma escogió su destino: "déjenmelos todos a mi" habría dicho en el momento de decidir que hacer con aquella carga familiar de 5 chicos y 2 chicas.

Así en esas palabras, selló el rumbo que tomaría su vida.

Era una época donde la mujer debía llegar ligera al matrimonio, Margarita llegaba con deberes cumplidos antes de tiempo.

Los crio trabajando de costurera.

Con una máquina de coser como aliada, con los dedos pinchados más de una vez, con telas extendidas sobre la mesa mientras la casa dormía.

Puntada tras puntada fue levantando a: Evaristo, José Antonio, José Luis, Tulio, Marcos y Lupe.

Cada dobladillo era una comida, cada encargo terminado eran cuadernos para la escuela, cada vestido entregado era una cuota pagada.

La costura fue su oficio

Y también fue su trinchera

Los vio estudiar, los vio convertirse en profesionales, farmacéuticos, abogados, comerciantes, hombres y mujeres que pudieron caminar derechos porque alguien se quedó detrás sosteniendo el peso.

Mientras ellos crecían, ella se iba quedando, agotada.

Su juventud paso entre hilos, tijeras y responsabilidades. No hubo vestido blanco para ella, aunque cosiera tantos para otras. No hubo luna de miel, no hubo hijos propios.

Pero hubo sacrificio y hubo carácter.

Cuando los hermanos ya estaban encaminados, tía Margarita quedó sola. Entonces se fue a vivir con su sobrino mayor, José Antonio, el sacerdote. Allí permaneció hasta el final de sus días a los 98 años terminando en una vida recogida entre rezos y misas.

Su historia para escribirla es breve y parece corta, porque lo contamos en líneas, en letras y una página, pero fue larga cuando se vivió en sacrificios constante.

Y cada vez que escucho los nombres de sus sobrinos que crio, no veo solo sus logros, veo a ni tía Margarita inclinada sobre una máquina de coser, haciendo de cada puntada una promesa de futuro

Yo no la conocí en profundidad, fue esta historia contada por mi tía Elena allá en esa mecedora bajo el mango como fiel testigo de sacrificios, abnegación y entrega.

Cada vez que he escuchado los nombres de esos mis tíos, veo también el sello de la tía Margarita quién sin ser madre biológica, fue una gran madre que llevo a su destino a 5 hombres y una mujer. Muchas horas dobladas sobre una máquina de coser y las otras horas restantes en una cocina o con una escoba y una esponja en la mano.

Por eso pido un cielo para ella.

EL FRUTO DE LA ABNEGACIÓN

El mayor de sus hijos, José Antonio, eligió el sacerdocio, fue un hombre de fe y de disciplina y durante muchos años sostuvo su vocación con entrega.

Para mí no fue solo mi tío, fue mi padrino, una figura que unía la autoridad y afecto, sotana y abrazo, fue él quien escogió mi nombre. Aparece en la Biblia como prima de Jesús. Eso me lo dijo en varias oportunidades.

José Luís, el hijo agradable, heredó el pulso comercial, construyo una red de floristería en la ciudad y convirtió las flores en sustento y prosperidad, era de esos hombres que entendía que el trabajo también puede ser belleza.

Tulio, es escogió la ciencia, fue Licenciado en Farmacia dedicó su vida al rigor y al servicio trabajando muchos años en la emblemática farmacia Baralt de Maracaibo, donde su nombre llego a ser sinónimo de confianza.

Marcos el abogado, el mismo que apareció aquel día como repuesta inesperada a la situación de mamá, hizo una carrera extraordinaria. Era de esos juristas combativos, firmes de los que no se doblan, ni retroceden. Su prestigio no nació del azar, sino del carácter.

Guadalupe, la tía "Lupita", la otra mujer además de mamá, en aquellos tiempos las mujeres no tenían el privilegio de estudiar, vivió dentro de las normas de la época: matrimonio, hogar, hijos.

Su historia fue más silenciosa, pero no menos digna, porque también en la discreción hay fortaleza, la recordamos sentada a un lado de mamá en el frente de nuestra casa, debajo de la Acacia, el árbol bello con sus flores amarillas, donde conversaban todas las tardes por largas horas. Allí descasaban, pero también recordaban, mientras nosotros fuimos creciendo.

Miro ese árbol familiar y no puedo evitar pensar qué, aunque Josefina partió temprano, dejo raíces profundas: ocho hijos, con la Tía Teresa, ocho caminos, ocho maneras distintas de honrar una vida que apenas alcanzo los treinta y tantos años.

Y con ellos también Evaristo:

Estudió derecho, pero nunca asistió al acto de grado, la vida por razones que solo ella conoce lo dejó a un paso del título.

Sin embargo, fue el sostén silencioso de la oficina de Marcos Vinicio: redactaba documentos, organizaba expedientes, conocía los tribunales como si fueran su casa.

Era el "paralegal", antes de que esa palabra se hiciera común. No necesitó diploma para ejercer responsabilidad.

Si Marcos Vinicio era el abogado combativo, Evaristo era la estructura paciente detrás del éxito.

Su final fue distinto a la de sus hermanos. La enfermedad lo consumió lentamente. Un cáncer de hígado lo fue apagando como una pequeña llama, hasta ser consumido en el interminable letargo. Yo era adolescente cuando mi madre me llevó al hospital. No me dejaron entrar a su habitación, la edad fue el impedimento. Desde la puerta lo salude y él me saludo levantando la mano.

Su imagen aun la conservo, acostado en la cama muy cerca de la ventana tal vez mirando al cielo donde sería recibido por Josefina, su madre, también por Margarita la abnegada y dedicada tía que lo hizo un hombre de bien.

A veces pienso en ese contraste: hijos de mujeres valientes, decididas al momento de parir según las veces que la vida disponga, y no poder estar allí con ellos para verlos triunfar, tener familia y reconocer que el esfuerzo de esos tiempos duros, dieron su fruto.

Abuela Josefina no pudo acompañarlos en sus momentos gratos, ni es sus tropiezos, pero todos de alguna manera llevaron su marca: carácter, disciplina, resistencia.

TÍA TERESA: HIJA SIN SER HIJA

Tía Teresa no nació del vientre de mi abuela Josefina, pero nació de su amor, y a veces eso es más fuerte que la sangre.

Se crió en esa casa como una hija más, aprendiendo los mismos rezos, compartiendo el mismo pan, obedeciendo las mismas reglas.

Mi abuela la amo como si la hubiera parido. Y cuando mi abuela murió, algo en Teresa quedó huérfano para siempre: el valor de una madre.

Mi abuelo hombre práctico y duro por las circunstancias, decidió internarla en un colegio de monjas. Allí pasó muchos años, todavía intento precisar cuántos.

A veces me imagino esos pasillos largos, el eco de los pasos, el olor a almidón y a rosario.

Teresa creció entre rezos y disciplina, entre campanas que marcaban las horas y silencios obligados. Salió de allí ya mujer graduada como secretaria ejecutiva, con un diploma en la mano y una vida que todavía no sabía como iba a dolerle.

De todas era la más linda. Eso lo decíamos todos. Blanca como porcelana, ojos negros intensos, cabello largo y oscuro que parecía dibujado. Le decían "la virgencita" y no solo por su belleza, había en ella una dulzura intacta, una inocencia que no aprendió nunca la malicia del mundo.

Era buena, pero buena de verdad, de esas personas que no saben hacer daño ni siquiera cuando están heridas.

Pasaron los años y nosotros sus sobrinos empezamos a pensar que se quedaría soltera, ella no parecía apurada. Vivía, trabajaba, ayudaba, acompañaba. Hasta que un día se casó.

Y ese sueño duro menos de un mes.

No hace falta contar detalles, solo decir que el hombre no era lo que parecía.

Tía Teresa educada para callar, para no hacer escándalo, para soportar en silencio, guardo su dolor por vergüenza. No le dijo nada a la familia, se tragó la pena como tantas mujeres de su tiempo.

Pero el silencio también tiene su límite.

El matrimonio no fue consumado, gracias a la intervención de su hermano, el sacerdote, José Antonio, logró la nulidad eclesiástica del Vaticano.

Sobre el papel, ese matrimonio nunca existió. Pero en el corazón de Teresa si existió esa herida.

La vida no le regalo descendencia, pero le regalo tiempo y muchos sobrinos.

Pasaron ocho o nueve años, antes de volver a confiar. Se caso de nuevo ya más madura con Marcos, un buen hombre muy callado en sus primeros tiempos.

Fue un matrimonio sereno, tal como ellos, sin hijos, fue más compañía que pasión, más consuelo que ilusión, pero en esos últimos dos años, Marcos parecía otro y aquella unión se volvió áspera hasta que sus sobrinos la sacaron de esa situación y regresó a casa con nosotros.

La vida no le regalo descendientes, pero le regalo tiempo y muchos sobrinos.

En la vejez cada uno fue cuidando de ella. Nosotros nos hicimos cargo de la buena tía Teresa, hasta sus últimos meses cuando amerito atención especial y fue internada en un asilo de monjas donde terminó sus días en paz. Con monjas se crío, con monjas entrego sus últimos momentos.

Hubo un tiempo entre el primer y segundo matrimonio, cuando Teresa volvió a vivir con nosotros, con su hermana Rita Julia, donde siempre encontraba un rincón en nuestra casa. Siempre fue parte de nosotros.

Murió a los 96 años en ese asilo en la ciudad de Merida, atendida por monjas y un servicio médico especial. Sus sobrinos pagaban esa estadía. Estaba tranquila, se veía serena en paz, estaba bien cuidada, sin hijos propios pero rodeada de nosotros, sus muchos sobrinos, respondiendo al cariño que recibimos de ella.

Tía Teresa no dejo apellido que continuara. Dejo algo más difícil de heredar: la bondad sin ruido.

El cariño sin reclamo

El amor que no exige nada a cambio

La ternura en sus abrazos

La palabra que llegaba

Y quizás eso, aunque el mundo no le celebre, es la forma más alta de belleza.

Yo viví mis adolescencia y juventud con ella con Tía Teresa.

Cuando recuerdo esos años no lo recuerdo sola, la recuerdo a ella, moviéndose por la casa con esa suavidad que tenía, como si no quisiera molestar ni al aire.

Recuerdo su manera de preguntarme si ya había comido, si necesitaba algo, si estaba cansada, nunca invadía, pero siempre estaba.

Ella sabía lo que era la soledad, pero jamás la convirtió en amargura. Al contrario, transformo su historia en ternura., tal vez por no haber tenido hijos nos quiso a nosotros con una entrega especial, no era una tía distante, era presencia constante, era consejo sin juicio, era compañía sin exigencia.

Yo me casé mucho después y cuando miro hacia atrás entiendo que aquellos años compartidos con ella me enseñaron algo que no aprendí en ningún libro, que la bondad no necesita protagonismo, que hay mujeres que no hacen escándalos, que no levantan la voz, que no figuran, pero sostienen hogares enteros con su sola manera de ser.

Tía Teresa fue una de esas mujeres.

No dejo hijos que la llamaran madre, pero dejo sobrinos que la amamos como tal. Y dejo en mi la certeza de que la dulzura también es una forma de fortaleza.

A veces pienso que su vida fue silenciosa sí, pero no fue pequeña porque todo amor verdadero, aunque no haga ruido, deja huella.

Y la huella de Tía Teresa sigue aquí, en mí.

Mis vacaciones eran en Mérida, allí vivía mi abuelo, su padre. Y allí estaba ella, en esa casa que para mí olía a montaña, a café recién colado y a tardes largas sin reloj.

Compartíamos las vacaciones con los hijos del segundo matrimonio de mi abuelo: ocho hermanos más para ella y muchos primos más para mí, así nos tratamos, nos queríamos.

Yo siempre fui su compañera, su aliada y ella lo fue para mí.

Y en medio de ese mundo lleno de primos y movimientos, ella encontraba el momento para inclinarse hacia mí y susurrarme al oído que era su sobrina preferida.

Si iba al mercado, yo iba

Si salía hacer comprar, yo la acompañaba

Si se sentaba en el corredor, yo me sentaba a su lado.

Se iba a la Plaza, me tomaba de la mano.

Y en medio de ese mundo lleno de primos pasábamos unas vacaciones tan lindas que al año siguiente regresábamos y ellos nos esperaban.

Mi mama era buena, correcta, firme, pero no era de muchos abrazos, no era de estar apretándonos y besando a cada rato. Tía Teresa si, lo hacía en el brazo que nos rodeaba por los hombros, la mano que aprieta la tuya sin decir nada.

Tal vez por eso la quisimos tanto, porque su amor no era teórico, era físico, era visible, era cotidiano, era ella.

Con los años entendí que ella también necesitaba ese vínculo, que esa niña que la seguía a todas partes veía a la hija que no tuvo.

Y a pesar del tiempo transcurrido esa frase "eres mi sobrina favorita" todavía me acompaña.

Porque hay palabras que se dicen solo una vez, pero duran toda la vida.

TÍA LUPE

De las hijas de mi abuela Josefina quedaron dos: Rita Julia y Lupe

Lupe se quedó bajo el cuidado de Margarita y casi podría decirse que no tuvo infancia completa porque creció entre responsabilidades. Mientras la tía Margarita cosía para sostener la casa, tía Lupe que apenas tendría entre 10 y 11 años, ayudaba como podía.

Era la única hembra entre tantos varones, y eso en una casa llena de tantos hombres no era poco.

Ayudaba a organizar, a limpiar, a vigilar, servir comida, a mantener cierto orden mientras la tía Margarita inclinaba la cabeza sobre la máquina de coser aprendió temprano que el hogar no se sostiene solo, aprendió que las mujeres aun siendo niñas a veces sostienen más de lo que deberían.

Se caso joven, tuvo un solo hijo su vida al principio parecía tomar rumbo distinto al de Margarita. No tuvo problemas económicos su esposo tenía dinero y ella vivió con estabilidad, pero el matrimonio no prosperó. Se divorcio y aunque más tarde quedo viuda la vida en pareja no fue su destino definitivo.

Después de la separación comenzó una etapa distinta, más recogida, más silenciosa.

Y allí aparece una figura que no puede faltar en su historia: Andrea, nuestra querida. Andreita.

Comenzó como empleada de servicio, pero los años hacen lo que la sangre a veces no logra, vínculos irrompibles.

Andrea se convirtió en su compañera fiel. No era solo quien ayudaba en la casa era quien compartía la tarde, quien escuchaba, quien acompañaba en la enfermedad y en la rutina.

Andreita estuvo hasta el último momento, unos 30 años mas tarde.

Tantos años juntas hicieron que Andrea dejara de ser la señora de servicio, y pasara a ser parte de la familia, estaba en nuestras reuniones, en las celebraciones, en los momentos difíciles, ya no era una empleada, era una presencia.

Tía Lupe llevó una vida sencilla, sin grandes sobresaltos, sin tragedias ruidosas, una vida sostenida por la lealtad de una mujer que eligió quedarse a su lado.

A veces pienso que la vida de Tía Lupe no está marcada por grandes gestas sino por pequeñas fidelidades, la de una niña que aprendió a cuidar de sus hermanos, la de una mujer que enfrento un divorcio en esos tiempos, la de una amistad que se convirtió en familia, y eso también es una forma de grandeza.

Ella tuvo ese solo hijo, pero ese parto marcó su destino, fueron dos días de dolores interminables, de miedo de sufrimiento que parecía no acabar, en aquella época no había la garantía medica de hoy. El niño nació sí, pero el cuerpo y el alma de tía Lupe, quedaron estremecidos.

Ella había visto morir a su madre, mi abuela Josefina, se fue dando vida, y ese recuerdo, era una sombra constante.

Después de aquel nacimiento tan doloroso ella quedo con un miedo profundo a volver a quedar embarazada. Se negó a retomar la intimidad con su esposo, no por falta de amor, sino por terror, terror de repetir la historia, terror de dejar huérfano a su hijo, terror de morir como murió su madre.

Ese fue el motivo de su separación.

No hubo escándalo, no hubo distancia, hubo incomprensión y finalmente ruptura.

Años después quedó viuda pero su vida había tomado otro rumbo. Es cuando aparece Andreita.

Yo la recuerdo con mucha dulzura.

Tía Lupe Fue mi madrina de confirmación y aunque mi madrina de bautizo fue Rita Josefina, la hija de tía Julia, a tía

Lupe le pedía la bendición como madrina, le decía madrinita.

Siempre fue cariñosa como la tía Teresa de carácter suave, distinto al de mi madre que era más firme, más fuerte.

Una de mis imágenes más claras es cuando con mi hermana mayor Esther saliendo del Colegio Zaragoza, tendría unos 11 o 12 años, ella ya en bachillerato, caminábamos tomadas de la mano cuatro cuadras hasta la quinta de tía Lupita , una casa hermosa con árboles frutales, con sombra fresca y olor a tardes tranquilas.

Allí pasábamos horas agradables, sin apuros, sin tensión, solo conversación, frutas recién cortadas y esa sensación de estar en un lugar seguro.

Cuando pienso en ella, no pienso en divorcio y dolores de parto que tanto nos contaba, pienso en esa casa, caminando de la mano de mi hermana y en la dulzura como siempre nos recibía.

Su vida no fue ruidosa

Fue suave

Y a veces la suavidad también es valentía

pero sobre todo amor, comprensión y un aprecio muy especial.

RITA JULIA

Mi mamá tenía apenas 14 años cuando conoció a Adaucio

Fue en la Feria de San Pablo, en la población de la Cañada en Maracaibo.

El pueblo estaba de fiesta, había música, baile en la plaza, vendedores, luces improvisadas y ese aire de celebración que solo tienen las fiestas patronales.

Ella estaba sentada en la plaza con madrinita.

Mi papá siempre nos decía, que desde el mismo instante cuando la vio supo que esa era la mujer qué quería para su vida. No hubo dudas, no hubo titubeo, solo certeza.

La siguió con la mirada, luego con los pasos, camino detrás de ella y de su madrina, hasta lograr presentarse, poco después fue a casa casi como un atrevimiento, como era considerado en esa época.

Luego de varias visitas, Rita Julia se enamora de él y es cuando a los días, Adaucio pide formalmente su mano a padrinito.

El vivía al otro lado del Lago.

Y cada tarde al salir del trabajo, cruzaba el agua en una Balandra, una nave un poco más grande que la piragua, una nave de carga y pasajeros.

Ese viaje a diario solo para ir a visitarla. No era un ferry, era una embarcación sencilla, fuerte, de madera: la Balandra Isabel, por años usada en esa población. Al terminar la visita regresaba de noche por el mismo camino al agua.

Así durante meses

Hasta aquella noche.

Esa noche salió un poco más tarde de lo habitual. Se despedía de ella, pero entre una palabra y otra no escuchó el segundo llamado para abordar. Cuando escucha el tercero, cree es el segundo y llega tarde al puente, la Balandra ya había zarpado, desde adentro un amigo le grito:

"Salta Adaucio, salta, que te da tiempo"

Mi papá intentó hacerlo, dio un impulso hacia adelante, pero algo, como un presentimiento, lo detuvo. Sintió miedo de caer al lago.

Retrocedió.

La Balandra Isabel siguió su camino.

Él se sentó en la plaza a pasar la noche y esperar el amanecer para regresar.

Poco después en el pueblo se desató el alboroto: la Balandra Isabel se había hundido de manera súbita.

No hubo sobrevivientes.

Estaba sobrecargada de mercancía y pasajeros.

La hundió a los pocos minutos de zarpar

El lago se la tragó de un solo golpe, sin dar tiempo.

No hubo sobrevivientes.

El pueblo gritaba.

La gente lloraba a su gente, a su familiar.

Mi mamá corrió hacia el puerto. Gritaba su nombre:

¡Adaucio, Adaucio!

Pensaba que estaba muerto.

Pero no, él se había quedado en tierra, había llegado atrasado para aborda. Al escuchar su llamado, buscó su voz en medio de la multitud, se dieron el encuentro de tal manera que fueron aplaudidos mientras otros lloraban.

A veces pienso que aquella noche el Lago decidió otra cosa

Que el destino respiró un segundo, que la vida me estaba guardando un lugar, un espacio.

Fueron muchas las casualidades que se han dado para estar en estos momentos escribiendo esa vida mía y la de los míos, ¿parece casualidad? La vida es a veces extraña en sus manifestaciones.

Mi mama no era tan dulce como tía Teresa o tía Lupe, quizás porque la criaron a aparte, lejos del roce diario con sus hermanos. Papa decía que fue eso, y al crecer con padrinito y madrinita, aislada de sus hermanos, no absorbió del todo aquella ternura compartida, aquel calor entre hermanos.

Pero, mamá no era dura

Era firme

Y fue una madre excelente.

Tuvo siete hijos, a ellos se dedicó en todo, cumpliendo su rol y en algunas oportunidades con pequeñas dificultades que ella misma superaba.

Esther Josefina

Gerardo Lamberto

Thamar Darahena

Adaucio de Jesús (Junior)

Thais Coromoto

Angela María

María Emilia

Conmigo tuvo un trato especial. Yo era extremadamente delgada, enfermiza, me dieron todas las enfermedades posibles: sarampión, rubeola, lechina, paperas.

Ella vivía pendiente de mí, siempre preocupada por mis comidas, con mi peso.

No era de abrazos constantes

No era de excesivas caricias

Pero era presencia, era cuidado,

Era responsabilidad asumida con seriedad.

Y eso también es amor.

Si tuviera que resumir el matrimonio de mis padres en una sola imagen seria esta:

Dos mecedoras frente al televisor

Las manos buscándose por encima de los brazos de madera

Los dedos entre lanzados.

Así siempre, hasta el final

Agarraditos de las manos:

Mi papa y mi mama cumplieron más de 60 años de casados, sesenta años de convivencias, sin ruptura, sin escándalos, sin grietas visibles. Un amor que no fue perfecto, poque ningún amor lo es, pero fue constante, firme, sostenido en el respeto, fueron ejemplo.

Papa adoraba a mamá

La complacía, le facilitaba la vida, siempre buscó que tuviera ayuda en la casa: señoras de servicio que colaboraran con la crianza de siete hijos. Nunca la dejó sola frente a la carga doméstica. Era protector, proveedor, atento y compañía.

Y ese amor no era secreto, se veía, se comentaba.

No solo sus hijos vivimos bajo esa certeza, también sus hermanos, sus sobrinos, toda la familia hablaba del cariño profundo de Adaucio hacía Rita.

Tal vez por eso nuestra casa fue refugio.

Hubo una temporada donde vivíamos 19 personas bajo el mismo techo.

Nosotros siete, más ellos dos, son nueve más las tías, los sobrinos y hasta amigos nuestros, allí tenían un lugar cuando atravesaban dificultades.

Nuestra casa siempre estaba abierta.

Era como si el amor que se respiraba entre ellos ampliara las paredes.

Como si aquel matrimonio estable creara espacio seguro donde todos podían llegar con tranquilidad, cuando la vida se complicara.

No recuerdo grandes tensiones, recuerdo armonía, puertas abiertas, mesa compartida. Y ahora mirando hacia atrás, entiendo el refugio no era la casa:

Eran ellos.

Ellos en ese amor

Así vivieron más de 70 años

Toda su vida juntos

Fue un testimonio de amor y cuidado.

En amor constante que se reflejaba en cada gesto, en cada mirada, en cada decisión.

Sus setenta años de existencia se prolongaron por seis décadas de matrimonio, en un hogar siempre abierto, lleno de hijos. Sobrinos, familiares que buscaban refugio entre sus paredes.

El matrimonio ejemplar que construyeron no solo los unió a ellos, sino que dejaron huellas imborrables en todos nosotros.

Papa adoraba a mama, la complacía, le facilitaba la vida, la rodeaba de cuidados y protección.

Mi papa murió primero. Estuvo hospitalizado en Maracaibo por una operación de próstata y su corazón ya estaba frágil. Esa noche me tocaba quedarme con él

Llegue desde Valera y cuando nos quedamos solos, ya mis hermanos se habían retirado luego de una larga conversación con todos sobre un tema y otro, se retiraron.

Al quedarme sola con él, seguimos conversando para mantenerlo animado. Nos reímos, nos abrazamos y luego se acostó de medio lado.

Yo me quedo sentada en la cama auxiliar

algo no me dejaba dormir

permanecí allí solo mirándolo.

Eran las dos de la mañana cuando le dio un infarto fulminante, sus ojos llenos de dolor e interrogación aun los guardo en mi memoria.

Me quede un largo rato esperando a mis hermanos a quienes les avise de la ida definitiva de él.

Así fue, llegaron lo antes posible. Fue un momento duro para todos. En la casa mamá esperaba noticias sobre él, ella algo enferma también por su presión alta, no le dimos la noticia, la preparamos, hasta el momento de participarle, la impresión fue mejor de lo que esperábamos. Nos dijo algo como: "pronto estaré con él" "Dios se lo llevó, ya me llevara a mí".

Cinco años más tarde, también mi madre se marchó después de un largo proceso a consecuencia de un ACV (accidente cardio vascular).

Así cerro la historia de mis padres

De un amor verdadero

De un hogar abierto, un refugio para todos

Un final que reflejó la fuerza y la ternura de un amor verdadero

A pesar de la diferencia de época y cultura con un esposo como mi padre, Rita Julia, la hija de Josefina, pero también de un matrimonio como el de madrinita y padrinito, merece un cielo como todas esas mujeres de aquellos días de dominio del hombre, de la desigualdad de género que padecieron en silencio, abnegadas, sacrificadas en muchos casos.

Crio a 7 hijos, dedicada al hogar durante años con entereza y abnegación como aquellas otras que la antecedieron.

MUJERES DEL AYER Y MUJERES DE AHORA

Un puente entre épocas

Antes de continuar con la historia de la abuela paterna, vale la pena detenernos un momento a pensar en las mujeres que hemos venido contando en este libro, y en lo que significa ser la mujer de hoy.

La mujer de entonces...

Las mujeres de la época de mis abuelas: Josefina, Margarita, Teresa, Julia, Lupe y mi propia madre Rita Julia, crecieron en un tiempo cuando:

* Cuando el valor de la mujer se media muchas veces, por su rol dentro de la casa.

* Ser hija, hermana esposa y madres era la forma de existir en sociedad.

* El afuera, el trabajo remunerado, la elección libre de pareja, el estudio prolongado, era un espacio limitado, o se vivía como excepción.

La educación:

* Era un privilegio, para muchas niñas, llegar a la escuela, terminar estudios o tener acceso a preparación profesional era una conquista, no un camino esperado.

* Si una mujer estudiaba secretaría, farmacia o contabilidad, eso ya era un salto enorme.

* La decisión sobre el cuerpo y la vida íntima estaba fuertemente regulada por la familia, la iglesia y la comunidad.

* No era raro que los matrimonios fueran arreglados, concertador por los padres o pactados con poco espacio para la propia voluntad.

* El matrimonio y la maternidad eran metas centrales.

* Ser mujer estaba asociado a ser compañera de alguien, cuidar, a sostener a no ser carga.

Pero dentro de esas restricciones no hubo debilidad: hubo ingenio, como coser todos los días para sostener una casa:

Hubo entrega como criar hermanos siendo niña.

Hubo cuidado, como sostener un hogar abierto para la familia.

Hubo fidelidad, como seis décadas de amor entre mis padres.

La vida no fue fácil para ellas, pero la vivieron con dignidad, con responsabilidad y con una fuerza silenciosa que no siempre se reconoce, pero que sostiene generaciones.

Las mujeres de ahora: opciones, desafíos, y autonomía:

Hoy en este 2026:

= Las mujeres tiene más acceso a la educación y a la carrera profesional. Estudiar no es la excepción sino el camino común: ingeniera, medicina, periodismo, arte, ciencia, tecnología, las puertas están abiertas.

= Las posibilidades de elegir pareja y decidir sobre el propio cuerpo son mayores.

= La maternidad, el matrimonio, la carrera profesional pueden ser decisiones personales, no imposiciones sociales.

= El trabajo remunerado fuera de casa es una realidad frecuente.

= Las mujeres trabajan en todos los sectores lideran empresas, emprenden investigan, enseñan.

= La voz de la mujer tiene eco público. Puede alzarse para denunciar injusticias, reclamar derechos, construir leyes.

Pero también hay desafíos:

La presión para hacerlo todo: trabajo, familia y apariencia

La búsqueda de equilibrio entre libertad e identidad.

El peso de expectativas sociales propias de un mundo acelerado.

La lucha daría contra nuevas formas de discriminación.

UN PUENTE ENTRE ÉPOCAS

No podemos decir que una época fue mejor que la otra, pero si podemos decir:

Las mujeres de antes hicieron posible la libertad de las mujeres de ahora. Su resistencia silenciosa, su estrategia diaria, su fe, su responsabilidad, su cariño, todo eso fue una semilla.

Y hoy las mujeres del 2026 recogen esa herencia para construir nuevos caminos.

Mas opciones.

Más voz.

Más presencia.

Pero también más retos,

Más decisiones,

Más responsabilidades.

Entonces si miramos la vida de las abuelas y las comparamos con este de hoy:

= Ellas vivieron en un mundo donde las esperaba el hogar

= Hoy la sociedad espera que la mujer transite todos los espacios.

= Ellas lucharon por sostener familias.

= Hoy muchas luchan por sostener sueños propios, además de familia.

= Ellas eran la fuerza silenciosa

= Hoy son la voz del cambio.

Y así al recordar a mis abuelas, esas mujeres de antes, no puedo evitar pensar en las mujeres de hoy.

En sus luchas, por sus libertades, en sus búsquedas.

Porque todo lo que somos hoy está construido sobre lo que ellas fueron.

Este no es un salto de tiempo.

Es un punto:

El puente de amor, de fuerza, de historia, de esperanza.

Y en ese puente está el corazón de todas ellas, y también el nuestro.

Un mundo sin radio...

Antes de hablar de estadísticas, huelgas o cambios sociales, hay algo más sencillo y revelador: el silencio.

En las casas de mis abuelas, tía Elena, tía Julia, tía Margaritas y todas ellas, no había radio.

Al menos nunca las escuche que lo mencionaran, que hablaran de él.

Y no se si porque aún no era común tener radio en todos los hogares, o simplemente porque no formaba parte de su cotidianidad

Tampoco recuerdo que hablaran de aprender o tocar guitarra, piano. El piano existía, sí, pero era un instrumento para casas acomodadas, de señores educados, de la élite, no era lo normal en ellas.

Su entretenimiento no venía de aparatos, venia de personas.

Y en ese pequeño universo domésticos la alegría tenía nombre: tía Julia.

Era ella la que cantaba

Era ella quien se levantaba de pronto y bailaba

Era ella quien escondía las cosas para hacer bromas.

Era ella quien revolvía el agua del lago, para ganar tiempo.

Era ella, siempre ella en el centro de la risa.

Incluso cuando vivió en nuestra casa, llena de hijos, sobrinos, gente entrando y saliendo, seguía siendo ella quien rompía la monotonía, la tensión, la que transformaba cualquier tristeza en risas, baile y movimiento.

No había radio

Pero había voz

No había piano

Pero había canto

No había espectáculo, pero había alma.

Tía Julia, siempre tía Julia,

Cualquiera diría que había sido una mujer muy feliz, que disfrutó de la vida que tuvo, que en su matrimonio fue la más feliz de todas y en fin con esa manera de ser siempre alegre, siempre alegrando a todos incluso en momentos difíciles y complicados, se podía deducir que fue siempre feliz, pero no, la vida de ella fue igual a la de sus hermanas, con el mismo padre estricto, con las misma carencias en algunos momentos, con un marido impuesto por el padre, con un matrimonio que fue una tortura con un esposo violento que la golpeaba, varias veces ebrio, con muchos problemas para salir embarazada y por eso tan solo tuvo una sola hija.

Tía Julia, fue alegre, porque su alma era inocente, sencilla, sin complejos, aceptaba su realidad con gran naturalidad.

Ella sencillamente nació con otro espíritu, otra personalidad, no Pérez, tampoco Matheus, era sencillamente la Tía Julia.

El cambio empezó lejos, pero llegó:

Y sin embargo mientras ellas vivían esa vida sencilla, silenciosa y doméstica, algo estaba ocurriendo en otras partes del mundo.

LAS TRAGEDIAS QUE AÚN DUELEN

A finales del siglo XIX y comienzos del XX, mujeres comenzaron a organizarse para exigir derechos básicos: educación, voto, condiciones laborales dignas.

Uno de los episodios más citados, es el incendio en la fábrica Triangle Shirywaist Company en Nueva York, en 1911.

Allí murieron quemadas más de 100 trabajadoras textiles muchas de ellas jóvenes inmigrantes.

Murieron porque las puertas estaban cerradas durante la jornada laboral.

Porque las trataban como esclavas a pesar de su corta edad

Sus gritos pidiendo auxilio estremeció a toda Nueva York

Esa situación fue un escándalo que estremeció las bases de una cultura férrea, muy dura para las mujeres en la Europa y en America.

Fueron solo mujeres las sacrificadas, trabajaban a puerta cerrada, indicaba entonces el trato que como esclavas recibían bajo órdenes de hombres que las veían como seres útiles para sus beneficios tanto personal, como empresarial.

Esa tragedia marcó un punto de inflexión en la lucha por los derechos laborales y dio impulso al movimiento obrero femenino.

 También el movimiento de sufragistas liderado por figuras como Emmeline Pankhurst, abrió el camino para que las mujeres obtuvieran el derecho al voto en varios países.

No fue un cambio suave, fue un cambio con huelgas, cárcel y muertes.

Mientras ellas mis tías abuelas cantaban en el patio, vivían bajo las reglas de su tiempo, otras mujeres estaban abriendo las grietas en el muro.

Gracias a esas luchas:

Las mujeres pudieron votar,

Pudo estudiar más allá de lo permitido

Pudo trabajar con mayor reconocimiento

Pudo comenzar a decidir.

El cambio no llego de un día para otro, pero llegó.

Mia tías abuelas:

Ellas no fueron activistas publicas

No marcharon

No hicieron huelgas

No exigían

Pero vivieron con dignidad dentro del espacio que les toco.

Y las mujeres que lucharon en fábricas y en parlamentos ampliaron ese espacio. Unas resistieron desde el hogar

Otras en la calle

Ambas construyeron el presente, este mundo amplio para todas.

ESTHER JOSEFINA: LA HEROÍNA ABUELA PATERNA.

Mi abuela paterna, Esther Josefina, procedente de un lugar que parecía entonces lejano y diferente, de la Guajira, ese territorio tan lejano y diferente, ese territorio alto y seco, donde su raza etnia la más numerosa de esa región que se extiende entre Colombia y Venezuela, habitan sus días entre la sabana y el mar.

Su raza son gente de palabra y de tierra, una sociedad organizada por linajes, con sus tradiciones, lenguaje propio y una relación profunda con la naturaleza y la comunidad que los rodea.

Mi abuela era morenita, pequeña de cuerpo y muy bonita. Sus ojos y sus gestos tenían la resistencia suave del sol y el viento de su tierra,

Hablaba con fluidez con mi abuelo un descendiente español que conservaba gran parte de su dialecto con esa pronunciación marcada y musical de la Z hispánica en su boca.

Mi abuelo Luis Nicasio era todo contraste: alto, blanco, de ojos azules tan distinto al reflejo del desierto donde ella vivía.

Cuando la vio por primera vez en Santa Cruz, un caserío donde la familia de la abuela tenía extensas tierras, se enamoró de ella, de su belleza, de su presencia y de su serenidad profunda que parecía llegar de raíces muy antiguas.

La familia de mi abuela era de alto rango dentro de la comunidad con extensiones de tierra vastas que se conocían como Las Peonias.

A partir de esa unión nació una estirpe singular:

Mi abuela dio vida a 13 descendiente que crecieron en aquel cruce de dos razas: española y guajira, algunos con más rasgos de mi abuelo: blanco, alto bien parecido, otros todo lo contrario, con los rangos de la abuela: morenos, pequeños, cada uno de ellos llevaba dentro ese legado de fuerza y templanza.

Mi abuelo molesto por las confusiones de correspondencia entre tantos Luis Montero en la ciudad decidió que ninguno de sus hijos debería llamarse igual a otros, que nadie más los confundiría.

A ninguno de ellos les entregarían cartas, documentos y demás de manera equivocada, sus nombres serían exclusivos.

Y así lo cumplió, con el nacimiento de cada uno, acudía y buscaba en la Biblia el nombre más extraño que consiguiera y efectivamente así cumplió.

Los nombres de mis tíos son únicos, irrepetibles como si cada uno tuviera su propio mundo:

Ciricio, Equicio, Antimio, Sabas, Potino, Fidencio, Adaucio, Fortunato, Nicasio. Mientras que las mujeres, con nombres más comunes: Valentina, Serena, Alfia e Iraida.

Tal fue ese sello que la historia de sus nombres llego a libros locales sobre identidades singulares en una misma familia.

Mi abuela los crio a todos.

Llevo una vida de trabajo, de cuidado, de amor sin descanso. Era una madre que sabia tanto de raíces, como de futuro.

Recuerdo aún muy pequeña con unos 5 o 6 años, que era muy cariñosa conmigo, sentada en sus piernas mientras conversaba con papa y el abuelo acostado en una hamaca, su lugar de descanso.

¿Dura de carácter?

Claro, tenía que serlo, aun en esos tiempos, crear a 9 hombres, y ella pequeña de estatura en comparación con ellos a medida que fueron creciendo, estaba obligada a ser dura, sus órdenes se cumplían sin protesto.

Esa educación dio excelentes resultados, todos los Montero tuvieron fama por sus nombres y por su educación y honradez. Todos con sus hogares prolíferos también con descendencia de 7, 8 y 9 hijos cada uno y por eso los Montero fueron apreciados y abrían puertas a la hora de negocios o buscar trabajo.

Las 4 hembras: Valentina, Serena, Iradia y Alfia, mujeres, damas, en esa sociedad de entonces que las reconoció por su educación, decencia y madres abnegadas.

Hoy al escribir estas historias, confirmo, ratifico el orgullo que todos los descendientes de las tías abuelas: Pérez Matheus, y de la familia Montero Villalobos, sentimos de ellos quienes en épocas no tan fáciles como en estos tiempos del 2026, dejaron huella, testimonios de honradez, educación y sentido de familia.

La abuela Esther Josefina Villalobo de Montero, murió ya mayor luego de muchos años de salud y de fuertes historias vividas, un día mientras se bañaba sufrió un ACV (accidente cardiovascular) y se fue de este mundo de manera repentina.

Fue un choque para toda la familia, porque siempre había sido una mujer llena de vida y salud que orientaba sobre todo a sus hijos varones y guiando a las cuatro mujeres en sus decisiones.

Fue mi abuela Esther Josefina: una abuela de raíces guajira, tierras de calor y viento, quien se unió a un hombre de raíces española logrando un linaje mesclado con amor y cultura donde nació Adaucio de Jesús mi padre y amado esposo de Rita Julia, la de la casta criolla, que nos legó ejemplos y carácter.

ELLAS TAMBIEN MERECEN SU CIELO

HIPATIA

La ciudad aun duerme cuando ella abre el rollo de papiro.

La luz entre oblicua por la ventana y el polvo en el aire parece un pequeño universo suspendido.

En su mesa no hay joyas

Hay números

Hay estrellas dibujadas

Hay preguntas

Se llama Hipatia de Alejandrina

Pero en la escuela no la llaman por su nombre.

La llaman maestra.

Camina por las calles de Alejandría sin escoltas

No necesita espada.

Su arma es el pensamiento.

En una ciudad que comienza a dividirse por credos, ella enseña que el conocimiento no pertenece a ningún templo.

Que la verdad no se arrodilla ante el fanatismo

Que el cielo también se puede comprender con números.

Sus discípulos son paganos cristianos escépticos.

A todos les habla igual

A todos les exige pensar

Y eso

Eso es peligroso.

Porque el poder tolera la ignorancia obediente

Pero no la mente libre.

La acusan de influir, de manipular, de ser demasiado escuchada.

No soportan que una mujer sea centro de gravedad de lo intelectual

No soportan que no pida permiso.

Un día la bajan de su carruaje.

La arrastran

La desnudan de dignidad antes que de ropa.

La violencia no es solo física

Es simbólica

Es un mensaje

"calla"

Pero incluso en el instante más brutal, lo que están intentando de destruir no es su cuerpo.

Es la idea de que una mujer puede pensar sin pedir autorización.

La despedazan creyendo que así acabaran con su influencia. No entienden algo esencial:

Las ideas no sangran.

La biblioteca puede arder

Los cuerpos pueden caer

Pero la luz que se enciende en una mente no se extingue con piedras. Hipatia no murió por enseñar matemáticas

Murió por no inclinar su inteligencia

Murió por no disfrazar su claridad

Murió por no reducirse

Murió por no doblegarse.

Y eso merece un cielo

No por ser mártir

No por ser victima

Sino porque defendió el derecho a pensar cuando pensar era peligroso.

Cuando ella cruce ese umbral para llegar a ese cielo, no llevara libros en las manos

Llevará algo más luminoso

La certeza de que cada mujer que hoy estudia

Que hoy escribe

Que hoy habla sin bajar la mirada

Camina sobre una tierra que ella ayudo a sostener

Y ese cielo de ella, nadie la arrastrará, nadie la desnudará jamás.

Allí la llamarán como siempre debieron llamarla:

Maestra.

¿Quién fue esta mujer? ¿Quién fue Hipatia de Alejandría? y ¿Por qué la asesinaron de esa manera tan cruel?

Hagamos historia:

Alejandria no era una ciudad cualquiera, era el cruce del mundo.

Allí el mar traía mercancía, pero también ideas.

Allí se habían reunido durante siglos los textos más valiosos del pensamiento humano.

La antigua Biblioteca de Alejandría, la más ambiciosa colección del saber de la antigüedad había convertido a la ciudad en capital del conocimiento.

Aunque ya no brillaba con la misma plenitud de otros tiempos, el espíritu de esa biblioteca seguía respirando

En las escuelas

En los círculos filosóficos

En los debates públicos

Entre los políticos

En ese ambiente creció ella: Hipatia

Hija del matemático Teón

Aprendió desde joven que el universo por día leerse como un libro abierto

Que las estrellas obedecían leyes

Que la razón era una forma de devoción.

No heredó un trono

Heredo una disciplina, heredó conocimientos

Y la convirtió en liderazgo.

Dirigía su propia escuela filosófica.

Cristianos, paganos se sentaban juntos a escucharla

Gobernantes pedían sus consejos

No porque fuera mujer

Sino porque era brillante.

Vestía con sobriedad

Hablaba con claridad

No seducía, argumentaba

En una ciudad que comenzaba a fracturarse por tensiones religiosas y políticas, ella representaba algo incomodo, la posibilidad del dialogo, de abrir mentes,

Y cuando el fanatismo crece

Lo primero que estorba es la inteligencia que une.

Ella era inteligencia y conocimiento

Ella era Hipatia de Alejandría

Siglos después, cuando las hogueras ya no ardían en Alejandría sino en Europa medieval, otra joven levantaría su voz movida por una certeza interior imposible de explicar con lógica humana.

Juana no nació en palacios, ni recibió educación académica. Era hija de campesinos, una muchacha sencilla de Domrémy, pero dentro de ella habitaba una convicción que ningún tribunal pudo apagar, decía escuchar voces, unas voces que llamaban a liberar a Francia.

En una época cuando las mujeres no podían portar armas, ni dirigir ejércitos, ella hizo ambas cosas.

No pidió permiso

No pidió aprobación

Solo obedeció lo que consideraba era un mandato divino.

Con apenas 17 años se presentó ante el príncipe Carlos, quien más tarde sería coronado rey como Carlos VII de Francia y logró convencerlo de que podía cambiar el curso de la guerra. Y lo cambió.

Dirigió tropas

Inspiro soldados

Rompió el sitio de Orleans

Logró que el rey fuera coronado en Reims, todo eso siendo apenas una joven analfabeta que decía obedecer a Dios.

Pero el mismo sistema que se aprovechó de su valentía la abandono después.

Fue capturada, entregada a sus enemigos sometida a un juicio eclesiástico manipulado.

No la juzgaron por su estrategia militar.

La juzgaron por atreverse hablar en nombre de lo divino, de Dios, sin intermediarios.

La juzgaron por vestirse como hombre.

La juzgaron por no someter su conciencia.

La condenaron por herejía.

Y en 1431 fue quemada viva.

Tenía 19 años.

La hoguera consumió su cuerpo, pero no su nombre.

Durante años, su figura quedo suspendida entre la sospecha y la incomodidad.

Para muchos era una hereje, para otros una incómoda heroína. Sin embargo, la verdad tiene una manera silenciosa de regresar.

Veinticinco años después de su muerte, el mismo reino que lo había guardado, permitió la revisión del proceso.

En 1456, un tribunal eclesiástico declaró nulo el juicio que la había condenado.

Aquella muchacha que fue llamada bruja fue reconocida oficialmente como víctima de una injusticia.

Siglos más tarde en 1909 fue beatificada y finalmente en 1920 fue canonizada por el papa Benedicto XV convirtiéndose oficialmente en santa.

SANTA JUANA DE ARCO

La misma institución que permitió la condena termino elevándola a los altares.

Y Francia, la nación que defendió con espada y fe, la proclamó una de sus patronas, símbolo de identidad y resistencia.

Ese es el misterio de las almas fuertes, pueden ser incomprendidas en su tiempo, pero la historia termina inclinándose ante ellas.

Y por eso ella Juana de Arco merece estar en el cielo de mujeres justas.

No porque la iglesia la canonizara, sino porque fue fiel a sí misma hasta el final.

Y si miramos hacia atrás la historia parece repetirse con distintos nombres.

En la Alejandría del saber con Hipatia de Alejandría, fue despojada de su dignidad por atreverse a pensar libremente,

Por enseñar

Por brillar intelectualmente en un mundo que comenzaba a temerle a la luz del conocimiento.

No fue quemada en una hoguera, pero su muerte fue igualmente brutal arrastrada por el fanatismo que no tolera a la autonomía del espíritu.

Siglos después, en la Francis medieval, Juana de Arco si conoció el fuego literal.

La llamaron hereje por escuchar lo que su conciencia le dictaba.

La juzgaron por no someter su voz interior a la estructura del poder.

Dos mujeres

Dos contextos

Un mismo principio

Ambas desafiaron lo establecido sin intención de rebeldía gratuita.

No buscaban promover, buscaban ser fieles a lo que creían verdadero.

Hipatia defendía el conocimiento como camino hacia lo divino

Juana de Arco defendía la fe como llamado interior.

Sin embargo, en el fondo ambas encarnaban lo mismo: la libertad de conciencia.

Fueron silenciadas en vida

Reconocidas después

Elevadas cuando ya no podían escuchar los aplausos.

En ambas la historia tardo en pedirles perdón

Pero el cielo, ese cielo simbólico de mujeres integras que estamos construyendo en este libro no espero para incluirlas, para abrirles esa puerta de un cielo donde no hay tribunales

No hay concilios

No hay hogueras

Solo la verdad de haber sido fieles a sí mismas y quizás desde ese lugar que no necesita canonizaciones, Hipatia y Juana de Arco se reconocen la una a la otra: dos llamas distintas encendidas por el mismo fuego.

La historia las condeno, la eternidad las absolvió

No fueron herejes, ni rebeldes, fueron mujeres fieles a su conciencia.

El fuego no las destruyó, las revelo

El poder las juzgo en su tiempo,

la verdad las reivindicó para siempre.

Quien es fiel a su verdad puede ser quemado, pero jamás vencido

LUISA CACERES DE ARISMENDI

Ella nace en caracas el 25 de septiembre de 1799 en un hogar donde el saber era un tesoro que su padre, profesor de latín y gramática, con paciencia y amor le enseño a leer y pensar y a sentir profundamente el valor de la dignidad humana.

Desde joven, su vida estuvo marcada por las llamaradas de la historia cuando las armas realistas arrebataban vidas y esperanzas, su propio padre y su hermano mayor fueron asesinados en 1814 durante la furia de la guerra por la independencia de Venezuela.

Ella con apenas 15 años marcho junto a su familia en el éxodo de Caracas hacia la isla Margarita, buscando refugio y sin saberlo encontraría el destino que la convertiría en leyenda.

Allí entre guerreros y sueños de libertad conoció al general Juan Bautista Arismedndi, con quien se casó en diciembre de 1814, siendo apenas una niña todavía.

Tenía valentía de muchos hombres hechos soldados por la historia.

Ella sería una más.

Pero fue justamente su entrega intima al amor y a la patria, lo que la elevo a las más duras de las noches de sufrimiento cuando las tropas españolas tomaron de nuevo a Margarita para doblegar a los patriotas.

Luisa fue capturada en 1815, tomada como rehén para presionar a su esposo a rendirse, quien era general al servicio del Libertador.

La llevaron al oscuro calabozo del Castillo de Santa Rosa en la Asunción donde en medio de grilletes y silencio, dio a luz a su bebe, una hija, quien muere de inmediato, fruto de condiciones crueles y deshumanas.

Luego la trasladan como un trofeo para quebrarla, primero al fortín de Pampatar, luego a la Guaira y finalmente al convento de la Inmaculada Concepción en Caracas, siempre como prisionera, siempre bajo vigilancia, siempre con una pregunta martillando cada latido de su corazón.

Cuando parecía que nada podía quebrarla los españoles la enviaron hasta Cadiz en España para que renunciara a sus ideales de libertad.

Pero, Luisa siempre se negó con firmeza:

"Mi deber es con la patria y con la libertad, no aconsejare a mi esposo a renunciar a sus deberes"

Su convicción fue más dura que todas las murallas que la encarcelaron.

Tras años de pruebas, logro regresar a Venezuela en 1818 no como víctima, sino como símbolo viviente de resistencia, de dignidad, de amor por su pueblo.

Vivió el resto de sus días en Caracas junto a su esposo y a sus hijos, testigos de la libertad ganada con sangre y esperanza.

Al morir en 1866 su pueblo la recordó como una madre, que nunca renuncio a la libertad.

Diez años después sus restos fueron trasladados al Panteón Nacional

Su mirada sigue desafiante

Sigue grabada en la memoria de la patria

Recordando a todos que la verdadera libertad no se conquista con coronas, sino con coraje, amor y dignidad.

Dicen que hay mujeres que combaten con espadas

Hay otras que combaten con el alma

Por eso cuando hablamos de un cielo para ellas, las que dieron más de lo que el mundo podía exigir, Luisa entra sin pedir permiso.

Entra con la serenidad de quien ya ha sufrido todo lo que la tierra podía darle.

Un cielo para la que pario en la oscuridad

Un cielo para quien sostuvo la dignidad de una nación desde una celda.

Un cielo para la que entrego incluso la vida de su primera hija.

Un cielo para quien nunca entrego su conciencia

Y Venezuela, si alguna vez mira hacia lo alto buscando a sus guardianas, encontrarán allí a Luisa Cáceres de Arismendi,

No como victima

Sino como estrella firme

Recordándole al mudo que la libertad no siempre grita, a veces resiste.

Y resistir hasta el final también es una forma de eternidad.

EL CIELO DE MARIE

Hay mujeres que luchan con espadas

Hay mujeres que resisten en prisiones

Y hay mujeres que se inclinan sobre una mesa de laboratorio

Y cambian para siempre la historia del mundo.

Marie Curie no busco gloria

Busco entender la materia invisible

Busco el secreto de aquello que no se veía, pero ardía.

Nació lejos de Francia, en una Polonia oprimida, donde estudiar era ya un acto de rebeldía.

Cruzó fronteras con más libros que equipaje y más hambre de conocimiento que recursos.

En Paris aprendió a sobrevivir con frio, con escasez, con soledad, pero jamás con resignación.

En un pequeño laboratorio, entre polvo metálico y recipientes rotos, descubrió junto a Pierre, su esposo, una luz nueva: el radio.

Una luz que brillaba en la oscuridad como si el universo hubiese dejado una chispa en sus manos.

Y ella la sostuvo

La sostuvo sin saber que esa misma luminosidad la estaba atravesando por dentro.

La sostuvo sin protección, sin advertencias, sin imaginar que la ciencia aun no comprendía el peligro de aquello que parecía milagro.

Fue la primera mujer en recibir un premio Nobel y la primera persona en recibir dos premios Nobel.

La primera mujer en enseñar en la Soborna cuando las aulas todas respiraban incredulidad ante una mujer frente a la catedra.

Pero eso no son los motivos por lo que merece un cielo

Los premios no eran la razón

El cielo no se gana por medallas

No lo merece por los Nobel

No lo merece por la cátedra en la Soborna

No lo merece por los aplausos tardío de una sociedad que primero dudó de ella

Lo merece porque trabajo cuando nadie miraba.

Porque paso años removiendo toneladas de químicos en un galpón frio, con las manos agrietadas y el cuerpo agotado creyendo en algo que aún no tenía nombre.

Lo merece porque cuando la prensa la ataco, cuando cuestionaron su moral en vez de su inteligencia, no respondió con odio, respondió con trabajo.

Lo merece porque viuda y con dos hijos, no abandono el laboratorio ni se escondió en el duelo.

Lo merece porque durante la guerra convirtió el conocimiento en servicio.

No se quedó en el prestigio académico, llevo unidades móviles de rayos X a los campos de batalla para salvar soldado heridos. Transformo la ciencia en compasión.

Y lo merece sobre todo porque no supo cuidarse, murió víctima de su propio invento.

Porque creyó tanto en la luz, que no imagino que esa luz podía destruirla.

Sus cuadernos aún hoy siguen siendo radioactivos.

Su laboratorio fue su trinchera

Su cuerpo el precio silencioso del progreso

Ella no murió buscando gloria

Murió creyendo en la verdad

Y cuando hablamos de un cielo para ellas, para las que entregaron algo irreparable por el bien común, Marie no entra coronada, entra iluminada.

Un cielo para la mujer que sostuvo la luz, hasta que la luz la consumió.

Un cielo para la que demostró que el conocimiento también puede ser sacrificio.

Un cielo para la que abrió caminos invisibles para millones de mujeres que vendrían después.

Porque hay quienes conquistan territorios y hay quienes conquistan el misterio.

Y conquistar el misterio, pagando con la propia vida, también es una forma de eternidad.

El cielo para las que exigieron voz

Hubo un tiempo cuando las mujeres podían morir por su patria

Trabajar hasta la extenuación

Parir, enseñar, curar

Pero no podían votar:

No podían decidir

No podían elegir

No podían existir políticamente

No eran ciudadanas

Y entonces aparecieron ellas:

Entre las más firmes estuvo Emmeline Pankhurst, una mujer que entendió que la paciencia ya no era virtud cuando se usa para mantener la injusticia.

No pidió permiso

No suplico comprensión

Exigió derechos

Exigió visibilidad

Fundo la Unión Social y Política de Mujeres en Inglaterra y llevo la lucha a las calles.

Marchas, huelgas de hambre, arrestos., ofensas

Fue encarcelada varias veces

Alimentada a la fuerza

Ridiculizada

Llamada "peligrosa"

Pero ¿Qué es más peligroso?

¿una mujer que rompe una ventana o una sociedad que le niega voz?

Las sufragistas no fueron delicadas

Fueron decididas

Se encadenaron a rejas

Interrumpieron discursos

Transformaron las protestas en estrategias

Y pagaron un precio

Golpes

Prisión

Desprecio publico

Pero, cada barrote que se cerraba sobre ellas abría una grieta en el sistema

Cuando finalmente el voto femenino comenzó a reconocerse, primero pacíficamente, no fue un regalo, fue una conquista.

Fue el proceso de cientos de pasos firmes golpeando adoquines bajo la lluvia londinense.

Por eso merecen el cielo:

No por ganar una ley

Sino por cambiar la idea misma de ciudadanía

Un cielo para las que se negaron a ser invisibles

Un cielo para las que entendieron que la libertad sin voces es una ilusión,

Un cielo para las que soportaron la burla publica para que otras generaciones pudieran entrar a una urna con la frente en alto.

Porque hay mujeres que mueren por una bandera para que las represente también su nombre

Y ese cielo que estamos construyendo para ellas, no entran en silencio

Entran marchando

Con determinación en los ojos

Y el sonido que las acompaña no es de cadenas

Y eso también es eternidad

EL CIELO PARA LAS QUE ARDIERON TRABAJANDO

El 25 de marzo de 1911 en Nueva York, el fuego subió por los pisos de la fábrica como una bestia hambrienta.

Era la fábrica Triangle Shirt Waist Company.

Allí trabajaban Jóvenes inmigrantes: italianas, judías del este europeo, niñas algunas, mujeres todas.

Cosían camisas durante jornadas interminables.

Puertas cerradas con llave para que nadie saliera antes de tiempo.

Ventanas altas

Escaleras insuficientes.

Cuando el incendio comenzó, no hubo salida.

Algunas intentaron correr.

Otras quedaron atrapadas entre humo y gritos.

Y otras eligieron saltar.

Saltaron al vacío, antes que arder.

Murieron 146 trabajadoras

No estaban en guerras

No estaban protestando

No estaban rompiendo leyes

Estaban trabajando

Y sin embargo, murieron porque la seguridad era un gasto innecesario, porque la vida de una obrera valía menos que la mercancía que producían.

Ese fuego no solo consumió cuerpos

Encendió conciencia.

Las leyes laborales comenzaron a cambiar. Las condiciones de trabajo empezaron a revisarse.

Los sindicatos tomaron fuerza.

Pero ellas no volvieron

Por eso merecen un cielo.

No uno individual

Uno colectivo.

Un cielo donde no haya puertas cerradas con llave.

Un cielo donde las ventanas no sean trampas

Un cielo donde trabajar no signifique arriesgar vidas.

Ellas no buscaban heroísmo

Buscaban salario

Buscaban dignidad

Y a veces la dignidad, también es una forma de lucha.

Cuando lleguen al umbral, al cielo

 no entraran en fila

entraran juntas

como salieron del humo.

No como víctimas

Sino como testimonio

EL CIELO DE GÉNESIS:

En febrero del 2014 las calles de Venezuela

Estaban llenas de jóvenes

Gritaban, corrían, soñaban

Entre ellos: Genesis Carmona

Tenía 22 años

Estudiaba, sonreía. Tenía una vida por delante que todavía no había empezado del todo

No era política profesional

No era dirigente

Era una joven que decidió no quedarse en casa.

A veces la historia no llama a los héroes entrenados

Llaman a los que sienten

Ese día en Valencia, las balas no distinguieron edades, ni ilusiones.

Y una imagen quedo grabada en la memoria de muchos: Genesis siendo llevada en brazos sobre una motocicleta, herida. Mientras la ciudad seguía latiendo entre caos y miedo.

Murió al día siguiente

No murió en un laboratorio

No murió en una fabrica

No murió en una celda

Murió en la calle

En el espacio público

En el lugar donde los ciudadanos alzan la voz

Y ahí está el símbolo

Porque salir a la calle cuando se teme

También es un acto de valentía

No importa quien piense cada uno sobre política

Lo que importa es que una joven perdió la vida en medio de una protesta

Y la vida de una joven nunca debería ser el precio de un pensar diferente.

Y la vida de una joven nunca debería ser el precio de una diferencia

Por eso merece un cielo

Un cielo para la que no se escondió

Un cielo para la que creyó que su voz contaba

Un cielo para la juventud que no quiere resignarse

Ese cielo donde entra Genesis no entra solo con discursos

Entra con la frescura de sus 22 años

Con sueños interrumpidos

Con la dignidad de quien salió porque sintió que debía hacerlo.

Hay mujeres que cambian la historia durante décadas

Y hay mujeres cuya vida breve se convierte en símbolo

Y los símbolos también iluminan

Que su cielo no sea de consignas

Que sea de paz

Que sea el cielo donde ninguna madre vuelva a recibir una noticia así.

Que sea un cielo donde la juventud no tenga que elegir entre callar o arriesgar su vida.

Porque la vida, antes de cualquier ideología, es sagrada.

Y cuando una joven cae en medio de un país que duele

El cielo debería inclinarse en silencio

Y recibirla.

Génesis está en nuestro cielo

Un cielo para personas especiales

Que no han sido recompensados

Para esas mujeres que han formado historias

Genesis, la joven que levanto la bandera

Y en ella luego la envolvieron

Hoy, es historia. Escrita donde no será olvidada

Ubicada en un cielo bien merecido

Génesis Carmona, es historia

Es recuerdo

Es libertad

Es juventud heroica

REFLEXIÓN:

El silencio que duele

Hay batallas que no se ven

No se escriben con espadas ni aparecen en los libros antiguos

Pero duelen como llaga abierta en el corazón de una sociedad

La violencia contra las mujeres, física, psicológica, sexual, económica, no es una tragedia aislada ni un tema de números,

Es la experiencia diaria de millones de mujeres que viven con miedo, con dolor, con injusticia.

Y aunque hay leyes, discursos y campañas, que la realidad insiste en mostrar cruelmente en cifras y en vidas rotas.

En America Latina y el Caribe más de 11 mujeres al día son asesinadas por razón de género. Según datos de organismos regionales. Eso significa que en cada amanecer hay historias que no se cuentan, nombres que no llegaran a los titulares y madres que lloran en silencio.

Y no solo eso

Una de cada tres mujeres en las Americas ha sufrido violencia física o sexual en algún momento de su vida, muchas veces por personas cercanas, por aquellos que debían protegerlas.

Este dolor se expresa en múltiples formas:

La violencia de pareja que quiebra el cuerpo y el espíritu

El femicidio cuando matan porque es mujer

El acoso tanto en las calles como en los espacios digitales

La falta de justicia victimiza una y otra vez a la víctima que finalmente alza su voz

Ser mujeres no debería significar vivir con miedo

Sin embargo, esta es la herida que muchas cargan desde la infancia hasta la vejez:

La herida de no ser escuchadas, de no ser creídas

De sentir que su valor se mide segundo a segundo por la brutalidad de un sistema que no las protege.

Y es precisamente por eso que esta reflexión tiene que entrar en este libro con su propio umbral, su propio cielo.

Un reconocimiento a todas las que luchan sin corona, sin bandera, incluso sin nombre.

Porque las heroínas como las mencionadas en este texto, Juana de Arco, Hypatia, Luisa Cáceres y Genesis Carmona, así como mis abuelas que abrieron caminos con sacrificios, silencio y obediencia, no solo representan luchas extraordinarias también personifican una resistencia que millones de mujeres viven a diario en sus casas, en sus trabajos, en las comunidades.

Ellas y tantas otras que no llegaron a los libros, no solo caminaron por la libertad

Sino que caminaron a pesar de las heridas

A pesar del silencio

A pesar de la negación

Que esta reflexión sirva como puente

Entre la mujer que sufre y la que lucha

Entre la opresión y la esperanza

Un puente que nos recuerde que la igualdad no se alcanza solo con leyes, sino con humanidad, con escuchar, con justicia.

Y con amor profundo por la dignidad invisible de cada mujer.

ANTES DEL UMBRAL, EL CIELO

No todas las mujeres que llegan a este umbral que hemos creado para este libro murieron en la historia

Muchas murieron en silencio

Son anónimas, están dispersas

No en hogueras

No en guerras

No en laboratorios

Murieron detrás de una puerta cerrada.

Murieron donde nadie les escucho sus gritos

Murieron en una denuncia que nunca avanzo

Murieron en una mirada que les dijo "exageras"

Murieron en un sistema que pregunto, que llevaban puesto, en lugar de preguntar quién las hirió.

Algunas siguen vivas

Pero caminan como si algo en ellas hubiera sido enterrado

La injusticia hacia la mujer no siempre tiene sangre visible

A veces es la indiferencia

 A veces es la burla

A veces es el silencio

Están en cada niña a la que no creen

La joven a la que culpan

La madre a la que juzgan

La anciana a la que olvidan

Es el miedo aprendido

Es la voz que se apaga para evitar conflicto

Es la costumbre de pedir perdón por existir

Y sin embargo

Aquí están

De pie

Porque incluso maltratada, la mujer persiste

Incluso herida, la mujer sostiene vida

Incluso ignorada, la mujer crea futuro

Este umbral, no es solo para las heroínas reconocidas:

Es para la que sobrevivió

Para la que escapo

Para la que denuncio, a pesar de no ser escuchada

Para la que crio hijos con el corazón roto y aun así enseño amor.

Un cielo no es el premio

Es reparación

Y mientras en la tierra llegue la justicia tarde

Aquí en este espacio, en este libro

La dignidad llegó primero

Porque ninguna mujer debería necesitar valentía para estar viva

Y mientras el mundo aprende esto, ellas esperan

No vencidas

No derrotadas

Esperan reconocidas.

Aun no lo han aprendido:

Las mujeres no nacimos para defendernos nacimos para vivir

Y sin embargo desde niñas aprendimos a mirar hacia atrás
cuando caminamos solas

A medir la ropa

A medir la risa

A medir la voz

Aprendimos a no provocar

A no incomodar

A no responder demasiado fuerte

Como si existir necesitara permiso

La injusticia hacia las mujeres no empieza con el golpe

Empieza con la idea

La idea que la vida vale menos

De que exagera

De que inventa

De que debe aguantar

Y esa idea repetida durante siglos, se convierte en sistema.

Hay mujeres que no murieron en incendios, ni en guerras

Pero murieron un poco cada día

En una humillación constante

En un mundo disfrazado de broma

En una amenaza susurrada

En un expediente que nunca avanzo

Hay mujeres que siguen respirando, pero dejaron de soñar.

Y eso también es una forma de muerte

A pesar de todo

Las mujeres siguen trayendo vida al mundo

Siguen enseñando

Siguen sosteniendo hogares

Siguen trabajando

Siguen amando

Incluso cuando el mundo no las protege como debería ser:

Eso no es debilidad, es fuerza estructural

No estamos hablando de superioridad, hablamos de dignidad

La dignidad no se concede, se reconoce

Y mientras haya una sola mujer que tenga que demostrar que merece respeto, la humanidad está incompleta.

El cielo al cual nos referimos, no es fantasía

Es justicia simbólica.

Allí no se pregunta que hizo para merecer dolor

Allí no se duda de su palabra

Allí no se minimiza su herida

Allí por fin, se la mira completa

Y tal vez al cerrar este libro no recuerdes cada nombre, pero si recuerdas esa sensación de que algo debe cambiar

Que la indiferencia ya no es cómoda

Que el respeto no es opcional. Si eso queda latiendo en quien nos lee, entonces habremos hecho justicia con cada palabra.

Y a veces la palabra son el primer acto de reparación...

EL UMBRAL UN TEJIDO EN EL TIEMPO

El umbral no tiene paredes

Es una llanura de luz suspendida en un tiempo que no es tiempo

Y en el centro hay algo inesperado

Hay un lago

No un trono

No un tribunal

Un lago donde brillan rayos misteriosos, hermosos e intrigantes.

Cada una va llegando a su tarea habitual: recoger agua

Pero cuando miran el lago ven que los rayos están entre lazados con otros, ellas se inquietan, pero siguen allí.

Otras muchas mujeres aparecen entre esas aguas. Crece en ellas las dudas, la intriga. Llegan para conocerse, para entrelazar sus vidas, sus historias, pero aún no lo saben.

Llegan y se encuentras, en esa orilla, en ese lago, que ya es el umbral, es el cielo...

Hipatia, con su serenidad del pensamiento

Juana de Arco con su ímpetu

Luisa, con su resistencia callada

Luego se encuentran con las obreras aun con olor a humo

Luego Marie Curie con una luz suave que parece emanar de sus manos

Genesis con la juventud intacta en sus ojos

Y finalmente llegan las mujeres anónimas, las encerradas en la fábrica de camisas y se queman en el incendio.

Ellas, las abuelas, Elena, Margarita, Julia, Josefina y Esther nada saben de ellas que han sido:

Las resignadas

Las silenciadas

Que no tienen estatuas

En ese primer instante no se reconocen

Son las mujeres que no entienden

Son de otras épocas y sienten desconciertos, no saben que está sucediendo.

Entre ellas, las aparecidas y las abuelas, no saben que sucede.

Hasta que el umbral les muestra algo

Cada una muestra lo que sufrió

La negación de su dignidad

No importa el siglo

Cambia el escenario

No cambia la herida

No compiten por quien sufrió mas

Se reconocen

Son: Hipatia la del conocimiento

Juana la del coraje

Luisa la de la resistencia

Marie la de la luz

Las obreras la dignidad laboral

Genesi la voz joven

Las maltratadas

Y juntas comienzan a entender lo que sucede y dónde se encuentran

No en un manto de dolor

No en un manto de conciencia

Y están allí para entenderse, para ayudarse

La historia no avanza sola la empujan generaciones de mujeres que no se conocieron, pero se sostuvieron, son ellas, las de esta historia, las destinadas a tener su cielo. Ya llegaron al umbral...

EN LA ORILLA

Josefina fue la primera en llegar al lago esa mañana, con una claridad algo diferente, los rayos sobre el agua eran inmensamente hermosos.

Ella llego sin prisa, nunca la tuvo, pero ese día fue un poco más serena, como si hubiera superado una situación más dura de lo que cuenta.

Se agachó en la orilla como todos los días, al tocar el agua murmuró que estaba tibia como siempre, nada extraño noto.

Detrás venia Margarita lentamente, tampoco tenía apuro, mantenía su cántaro bajo el brazo, le dijo a su hermana, este lago no cambia, parece que las que cambiamos fuimos nosotras.

En eso llega Julia como siempre alegre, riendo como si el viento le contara al oído secretos, historias solo para ella.

Se ubico al lado de ellas se levantó la falda para no mojarla, levanto la vista hacia el horizonte en sus ojos una luz especial veía Elena y Margarita, pero nada dijeron.

Julia como una de sus bromas, les dijo ¿y si hoy no recogemos agua? con su picara sonrisa.

Ellas hermanas inseparables, faltaba una: Josefina. Con su caminar lento, como pensativa y a la vez inquieta. Las saluda y se ubica entre ellas mientras deciden que hacer si sacan agua, o caminan y cantan un poco para alegrar el momento.

El lago estaba tranquilo, siempre lo está, pero ese día era algo diferente era como sentir el respirar de alguien, ¿pero el agua respira? pregunto Elena.

Josefina inclinó el cántaro

Entonces de repente ven un reflejo que no es el de ellas.

En la superficie apareció un rostro que no pertenecía a ninguna de ellas, no eran ellas, ese reflejo es de otra cara, parecía no traer edad, sino memoria.

¿Todavía creen que vienen a buscar agua? Les preguntó.

Margarita se enderezo, Julia dejo de sonreír, la cuarta de ellas Elena

"venimos todos los días" le respondió.

El agua se movió apenas, no con oleaje sino como una especie de tejido como si hilos invisibles comenzaran a entrelazarse en la superficie.

Y allí en el reflejo apareció otra mujer y luego otra y otra.

Ellas las abuelas, sorprendidas se miraban intrigadas, preguntándose ¿Qué pasa aquí?

Entonces ellas se presentaron, no con sus nombres sino de una manera muy especial:

Una traía polvo de biblioteca en las manos

Otra con cicatrices invisibles

Otra con cartas que nadie parecía responder

En tanto la otra llego con una serenidad que solo concede el haber sino mal comprendida.

Julia susurro

No estamos solas

Josefina, dejo caer el cántaro en la arena

Solas nunca estuvieron les dijo una de ellas.

Cada una de ellas, era un hilo

El agua las unía,

Margarita toco el agua con decisión:

"esta no es agua común"

La voz desde el reflejo le respondió

"No, es el lugar donde todo dolor viene a transformarse"

Y entonces lo comprendieron

No habían ido allí a cargar agua

Habían ido a reconocer a todas incluyendo a las visitantes

El lago, no era realmente el lago

Era el umbral

Era el cielo que les regalamos

Una frontera viva entre lo que fueron y lo que ahora podían ser

Y cuando miraron hacia abajo, porque ya no miraban hacia adelante. sino abajo, vieron la tierra.

Vieron mujeres vivas

Una con el rostro marcado por el miedo

Otra firmando una renuncia injusta

Otra escondiendo lagrimas para que sus hijos no la vieran quebrarse

Otra dudando si denunciar o callar

Julia fue la primera en decirlo

Ellas necesitan ayuda, podemos hacerlo

No con manos, dijo Josefina

Con fuerza añadió Margarita

La cuarta abuela extendió la suya.

Y todas se tomaron de la mano

El agua dejo de reflejar, comenzó a irradiar

Ellas no descendieron como espíritu,

No intervinieron como milagro.

Se convirtieron en impulso.

En coraje repentino, en claridad inesperada.

En esa decisión que una mujer toma y no sabe de donde salió la valentía.

Y fue allí unidas cuando comprendieron que todas, las de antes, las de ahora, las del después, habían llegado al mismo lugar.

El agua era memoria, era unión. El agua era el umbral

Ellas ya estaban en el cielo.

UN CIELO PRODIGIOSO

Ellas comprendieron entonces lo que podían hacer.

No estaban allí solo para disfrutar de aquel lago hermoso que se había transformado en el cielo que se ganaron, cielo tejido con los hilos que cada una representaba, unidas por la fuerza, el sacrificio, la dignidad, la firmeza, el conocimiento y la luz.

En esa claridad recién descubierta entendieron algo mayor:

Muchas mujeres más podrían llegar, no ya a la orilla para recoger agua, sino unirse a ellas a convertirse en un hilo más de aquel engranaje luminoso.

Porque el lago no era descanso

Era misión

Y desde ese después, desde ese plano donde el dolor ya se había convertido en sabiduría, comenzaron a mirar hacia la tierra.

Allí estaban las que aun luchaban

Las que aun dudaban

Las que aun sabían que también caminaban hacia el umbral.

Y ellas ahora conscientes de su fuerza unida, estaban listas para sostenerlas.

Desde el cielo tejido:

Desde el cielo prodigioso vieron a una mujer sentada frente a una mesa larga de planos extendidos.

Su nombre no importaba

Su talento si

Era ingeniera. Había estudiado con honores, sabia calcular estructuras, prever riesgos, diseñar soluciones. Pero en aquella oficina siempre la llamaban cuando había que hacer copias, archivar carpetas, o preparar café para las reuniones.

Cuando ella proponía una idea, llegaba el silencio

Minutos después, otro repetía lo mismo y era celebrado.

Su piel morena, parecía pesar más que sus títulos.

Margharita apretó lo labios.

Nos está esperando

Josefina miro más hondo

Lo que duele no es el trabajo, es la negación, el no reconocimiento.

La cuarta abuela, Julia, extendió la mano hacia el agua luminosa.

En la superficie comenzaron a formarse hilos

No de lástima

De memoria

Vieron a mujeres que también fueron relegadas.

Mujeres que sabían leer cuando no se les permitía estudiar.

Mujeres que pensaban cuando se esperaba que callaran.

El cielo tejido vibró

No podemos cambiar la oficina, dijo una.

Pero podemos recordarle quien es, respondió la otra.

Entonces no bajaron como milagro

Bajaron como certeza

Aquella tarde cuando la ingeniera volvió a su escritorio con los planos enrollados, algo cambió. No afuera, adentro.

Se quedo mirando sus propios diseños

Y por primera vez no dudo.

Al día siguiente, pidió la palabra en la reunión

No hablo con rabia

Hablo con precisión

Expuso cálculos. Señalo errores, mostró soluciones que nadie había previsto.

Hubo silencio

Pero esta vez el silencio no era desdén,

Era impacto.

Desde el umbral, las 4 abuelas no celebraron

Asintieron

Porque no le dieron talento

Le devolvieron conciencia

Es cuando aquella mujer salió del edificio esa noche, el cielo tenía un brillo distinto.

No sabía por qué

Pero caminaba más erguida.

Las abuelas no convirtieron la ayuda en algo mágico exagerado.

No la salvaron desde afuera, no intervinieron directamente.

Le activaron la seguridad interior, la del conocimiento era ella, solo ese día se atrevió a demostrarlo.

Entonces la justicia actúo, cuando la morena reconoce su valor. Las abuelas y Hipatia hicieron cada una su parte.

Cumplen con la meta trazada entre ellas. Darle el valor que cada mujer se merece,

DESDE EL CIELO TEJIDO

Ellas desde el cielo prodigioso donde ayudan a darle el valor que se merecen las mujeres, ven a una señora algo mayor sentada en una silla del comedor que ya no siente como suyo.

Había criado con esfuerzo

Había cosido uniformes escolares de madrugada

Había esperado en salas de hospital

Había callado para que la casa no se rompiera

Y ahora en la casa de su hijo caminaba con cuidado, como si fuera invitada, como si su presencia estorbara.

La nuera hablaba por encima de ella.

El hijo evitaba el conflicto con silencios.

La han reducido, dijo Margarita a sus hermanas

Julia bajo la mirada

Eso duele más que el hambre, expresó Josefina

Elena observo su profundidad

No la están viendo, solo la están usando como recuerdo

Expresó Marie Curie desde la claridad que la acompaña

Añadió, cuando la experiencia no se honra, la sociedad pierde memoria

Entonces, el cielo tejido vibró suavemente, ante esa cruel realidad.

La abuela Esther hablo por primera vez con firmeza

No necesitan que la defiendan, necesitan que le recuerden su valor

Y entonces no bajaron como reproche

Bajaron como dignidad

Aquella noche la mujer mayor, la madre de ese hijo, no pidió permiso para opinar. No hablo con amargura. Habló con serenidad.

Recordó anécdotas que nadie conocía.

Conto los sacrificios que nunca había narrado.

Expreso, sin acusar, somo se sentía. Como la hacían sentir.

No fue un discurso dramático.

Fue verdad

El hijo levanto la cabeza por primera vez.

La nuera guardó silencio.

No todo cambió en un instante, pero algo se movió.

Al día siguiente la silla ya no le parecía ajena.

Desde el umbral las abuelas con Josefina a la cabeza que sabían el sentimiento de la señora comprendieron su tarea no era imponer amor, porque el amor no se impone. Ellas despertaron la conciencia de los dos.

Ella no se convirtió en víctima, no hizo sentir culpable al hijo.

Ellas activaron el dialogo, la dignidad

La ayuda fue interior, no venganza.

Y desde ese lago, que ahora es el cielo que se merecían continuaron haciendo justicia a tantas mujeres más que no eran valoradas. Su misión debía continuar, ese era el objetivo de todas, de mis abuelas y de esas mujeres valiosas en la historia...

LA QUE SOSTIENE TODO

Una mujer en su casa

Hace varias cosas a la vez: responde mensajes, cocina, recuerda una cita médica de su madre, organiza papeles del esposo, ayuda a su hija que aun depende de ella, lava, cocina.

No hay maldad a su alrededor

Solo costumbre

Todos la llaman

Nadie le pregunta como esta

Esa es la herida

Desde el cielo ese lago que teje sus hilos con las abuelas y ahora sus compañeras en ese cielo, la observa.

Julia siente ternura

Margarita ve su desgaste

Josefina percibe el agotamiento silencioso

Elena se ve reflejada en ella

Hipatia llega, puede añadir algo hermoso

El conocimiento del mundo no sirve si no se conoce el límite
del propio cuerpo.

Una noche cuando recoge los platos, sola

Siente algo distinto. No es agotamiento. Es conciencia

Se detiene

Se sienta

Por primera vez no responde cuando la llaman

No hay rabia

Con serenidad

Y cuando alguien le dice

¿Qué pasa?

Ella responde

Estoy cansada. Necesito ayuda

Todos se miran

Comienzan a reaccionar, nunca lo había dicho

Entonces sin hacer brusco el cambio

El hijo adulto se da cuenta, la ve, nunca la había visto en realidad

Su pareja comienza a sentirse culpable

Ella ha dicho que está cansada

Y es así como ella dejo de sostenerlo todo

Las abuelas no impusieron el descanso

Sencillamente ella dejo de sostenerlo todo

Se hizo justicia a ella misma

Las abuelas e Hipatia le despertaron su conciencia

En esa casa volvió el equilibrio

Comprendieron que quien sostiene también merece ser sostenido.

Al despertar la conciencia, no acusa a nadie, no se victimiza, no se dramatiza

Sencillamente despertó en ellos la conciencia e impuso limites sanos.

Definitivamente la espiritualidad también es aprender a decir "hasta aquí".

ELLAS, SE PREGUNTAN...

Margarita, Elena, Josefina, Julia y Esther, mis abuelas buenas y queridas reflexionan:

Ya no estaban sentadas debajo de la mata de Acacia, donde conversaban cada tarde, mientras el sol caía lento sobre la tierra.

Ahora están allí

En ese cielo prodigioso

En ese lago transformado donde el agua era memoria y la memoria era luz.

Miraban hacia abajo

Veían a las mujeres modernas:

Profesionales, preparadas, con tecnología en las manos y oportunidades que ellas jamás imaginaron.

Mujeres que viajaban solas, que firmaban contratos, que dirigían empresas, que estudiaban carreras que antes les era negado.

Mujeres que podían elegir con quien casarse y también decidir no hacerlo, que podían separarse sin cargar el peso eterno del señalamiento que ya no estaban obligadas a permanecer de por vida junto a un hombre solo porque así lo dictaba la costumbre o la necesidad.

Julia fue la primera en hablar, como siempre

Con todo eso a nuestro alcance

¿habríamos sufrido menos?

¿habríamos llegado a este cielo?

Porque, aunque hoy tengan más libertad, sigue siendo necesario carácter para elegir bien, para sostener un matrimonio sano o para salir de uno que no lo es.

Margarita guardo silencio unos instantes

Tal vez el esfuerzo habría sido distinto, dijo al fin, no más liviano, solo diferente.

Josefina miro más hondo

Las épocas cambian. Las pruebas también

Elena añadió con suavidad

La libertad facilita caminos, pero no garantiza sabiduría.

Esther que había permanecido pensativa levanto la vista hacia la claridad infinita que las rodeaba.

No fue la dureza del tiempo lo que nos trajo aquí, dijo, fue como lo atravesamos

El lago vibro suavemente, como si confirmara cada palabra.

Comprendieron entonces, que no era la carencia lo que las había enviado al umbral, a ese cielo.

Era la dignidad como se enfrentaron la vida.

La firmeza como sostuvieron sus decisiones

La capacidad de amar sin perderse

La luz que conservaron incluso cuando todo perecía sombra.

Las mujeres de ahora tienen otras luchas

Otras presiones

Otras trampas invisibles

Pero el lago no distingue siglos

Solo reconoce verdad

Y en ese conocimiento supieron que aún si hubieran nacido en tiempos modernos aun con títulos universitarios, con derechos reconocidos y caminos abiertos habrían llegado al mismo lugar.

Porque el cielo no se alcanza por la dificultad vivida

Se alcanza por la integridad sostenida

Se miraron entre si

Y sonrieron

No con nostalgia

Con certeza,

Si

Habrían llegado

Porque no fue la época lo que las hizo extraordinarias

Fue su manera de ser mujeres

Y mientras exista una mujer que elija la dignidad sobre el miedo, la conciencia sobre la resignación, la verdad sobre la apariencia

Ellas estarán allí

No esperando

Acompañando

Allí, mis abuelas a la pregunta que se hicieron

Hay repuesta

Hay reflexión

Hay afirmación

Hay legado

El pasado no se discute

No idealizan el presente

Lo trascienden.

Porque el cielo no es premio para unas pocas.

No pertenece solo a quienes fueron heroínas visibles, ni a quienes dejaron su nombre en la historia.

El cielo es la memoria justa de cada mujer que sostuvo la vida, que resistió en silencio, que amó sin aplausos, que trabajó sin descanso, que dio luz, en todos los sentidos posibles, aun cuando nadie miraba.

Las del pasado

Las del presente

Las que vendrán

Porque no es la grandeza lo que nos concede el cielo

Es la entrega

Y por el solo hecho de haber sido columna, raíz, vientre, sostén, y conciencia toda mujer merece un cielo.

FIN

EPILOGO

Cuando cierres estas páginas el lago no desaparecerá.

Tal vez ya no lo veas como lo vieron

Margarita, Elena, Josefina, Julia y Esther.

Tal vez no escuches el murmullo del agua, ni sientas el tejido invisible de hilos luminosos.

Pero estará:

Porque el umbral no es un lugar lejano

Es una conciencia.

Vive en cada gesto de dignidad

En cada decisión valiente

En cada mujer que elige sostener sin desaparecer, amar sin anularse, resistir sin endurecer el corazón.

Mis abuelas encontraron su cielo no por la época que les tocó vivir, sino por la manera como la enfrentaron.

Ese mismo cielo está abierto

No como premio futuro

Sino como estado interior, cada vez que una mujer rompe un silencio injusto.

Cada vez que se reconoce capaz

Cada vez que decide no traicionarse

El lago se ilumina

Quizás nunca sepamos cuantas mujeres anónimas sostienen el mundo hoy.

Quizás nos veamos sus nombres escritos en piedras

Pero están

Y seguirán llegando

Porque mientras exista una mujer que transforme el dolor en conciencia, la carencia en carácter, el miedo en dignidad

El cielo prodigioso no será un recuerdo

Será herencia

Y en algún lugar, más cerca de lo que imaginamos, cinco abuelas seguirán sonriendo

Y muchas otras de otros tiempos, seguirán agradeciendo el no olvido.

ÍNDICE